塀の中はワンダーランド

《元》ヤクザ《現》墨出し職人

さかはらじん

さかはらじん「塀の中」年表

1978年4月～82年4月	
懲役**3年6カ月**	中野（府中）刑務所【銃刀法違反・覚せい剤使用・所持】 ＊中野（旧・豊玉監獄）刑務所完全閉鎖前に府中刑務所へ移送
1982年7月～84年4月	
懲役**1年6カ月**	府中刑務所【覚せい剤使用・公務執行妨害】
1985年3月～86年5月	
懲役**1年**	府中刑務所【覚せい剤使用（譲り渡し）】
1987年5月～90年8月	
懲役**3年**	新潟刑務所【覚せい剤使用（譲り渡し）・薬事法違反】
1992年2月～93年6月	
懲役**1年**	府中刑務所【傷害】
1995年3月～97年10月	
懲役**2年2カ月**	帯広刑務所【覚せい剤使用・カード詐欺】
1998年7月～01年1月	
懲役**3年**	帯広刑務所【覚せい剤使用・道交法違反】
2001年5月～04年8月	
懲役**3年**	神戸刑務所【道交法違反・覚せい剤使用】
2005年7月～08年11月	
懲役**3年**	札幌刑務所【道交法違反・風営法違反・覚せい剤使用】

「懲役」合計：**21年2カ月**（2020年4月現在）

【註】仮釈放期間も含むため懲役期間は合計よりも長くなっている

まえがきに代えて

子供の頃から押し入れの中に入ることが好きだった。そこだけは、ボクを安心させてくれるからだ。真っ暗だけど妙に落ち着く。自分だけの秘密な場所があるような気になり、体が包《つつ》まれるように温《あたた》かくなる。なぜだろう。

六六歳になったボクは、以前ほどではないが、今でもたまに押し入れの中に入って考えることがある。

思えば切羽詰《つ》まったとき、覚せい剤で興奮して頭がおかしくなりそうなとき、あるいは誰かと戦わなければならないと決断したとき、いつも暗い押し入れの中に入った。そして押し入れから出ると、冷静さを取り戻《もど》すか、あるいは犯罪に走っていた。そしてまるで閉じ込められることを望んでいるかのように何度も刑務所の中に入っていった。

今も、「まえがき」を書くために押し入れの中に入って考えている。

人生は近くから見ると悲劇、遠くから見ると喜劇だという有名な俳優の言葉を思い出す。とはいえ、ボクの人生を振り返っても、自分の生き方を喜劇と言えるほどの境地にまだ辿《たど》り着いていない。

ボクは任侠道《にんきょう》に憧《あこが》れたものの、色と欲にまみれてヤクザとなり、足を洗うまで四〇年間、シャバとムショを出たり、入ったりしてきた。その途中で多くの仲間がクスリで死に、自殺し、あるいは殺されもした。

ボクもクスリで生死の境を彷徨《さまよ》ったことが何度もある。だから、ここまでよく生きてこれたなぁ、と不思議に思う。本当に生と死は紙一重、ワンダーだった気がする。

実母が二歳のときに亡くなり、父は外に女をつくって家に戻らなくなり、ボクは一〇歳年の離れた兄と二人で極貧生活の日々を過ごした。町でもボクたち兄弟は有名な貧乏暮らしだった。

小学校は一カ月で中退。八歳で父に引き取られるも、一〇歳で継母と決裂した。それから教護院に入ったが、そこもすぐに逃げ出していた。もちろん、そうした貧困や不遇な、家庭環境であってもワルの道に走らない人も多くいると思う。でも、ボクはダメだった。劣等感も災《わざわ》いしたのか、ボクは犯罪を重ねることでさらにまた次の犯罪への糧《かて》となるような生き方しかできなかった。

窃盗に始《はじ》まり、傷害、恐喝、覚せい剤所持、銃刀法違反、殺人未遂などの罪を犯し、一〇代で横浜、練馬の鑑別所に入ってから、中野、府中、新潟、帯広、神戸、札幌刑務所を渡り歩いた。

監獄生活合計二一年二カ月。人生の三分の一は「塀の中のクソ溜《だ》め」暮らしだ。ただ、刑務所は妙に安心できる場所だった。そこで出会った懲役囚たちは愉快でアッケラカンとした不思議な変わり者たちでいっぱいだった。

反省することなんてどこへやら。彼らの多くは我が家に帰るのかのように、懲《こ》りずにまた何度も刑務所に舞い戻ってくる。

犯罪でしか自分の居場所を見つけることができないからだ。犯罪者だと開き直ればそれまでの話だが、逆に言えば、塀の外のカタギの世界にも世間という常識の「塀」がある。だとしたら、刑務所もシャバもみんな窮屈な「塀」に囲まれているのだから住みにくいわけだ。

でも人が生きることとは、どこかそんな社会のルールや常識で収まりきらないほどの思いで存在していることも確かなのではないのかという疑問も感じる。

こうした疑問は、長い刑務所の中での読書体験でふつふつと湧《わ》き上がってきた。小学校中退のボクは読み書きが苦手で辞書を引きながら、わからない言葉をノートに書き出して、もうとっくの昔に亡くなった著者が書いた本と静かに対話しながら読んでいく。次第に「自分とは何だろう？」「なぜ神は苦しくなったボクをいつも助けてくれないのだろう？」と疑問が湧くほどに考えさせられてくる。

その答えが見つからないまま、ボクはシャバに出て、また犯罪を犯し、薬物に溺《おぼ》れてムショ帰りを繰り返した。自分を救う神なんているわけがないと半《なか》ば諦《あきら》めていた。

あるとき、刑務所の食堂での昼休み時間、ボクは自分たちの話すざわめき声が、ちょうど押し入れの中に入って聞いた三〇年前のあの不思議なざわめきであったことを一瞬で悟《さと》った。体中が熱くなり、息が上がる。何かわからない自分自身と出会った気持ちだ。

このざわめきが、この塀の中の懲役囚たちの声だった、とわかった。三〇年前のあのときの声は今この場所のざわめきだったのか。誰が教えてくれたのだろうか。何か大きな力がボクの心の中を叩《たた》いたような気がした。神なのか、でも、その力の主はボクに何も語りかけてはくれなかった。

最後に出所した札幌刑務所の門の前でボクは雪のチラつく空を見上げて思った。もう二度とクソ溜めには戻らない、と。

なぜそう思ったのかわからない。このとき、何か不思議な力がボクの魂《たましい》に触れた瞬間だったのかもしれない。

塀の中で仲間の死を通して、クスリをやめ、罪を犯すこともやめて出直そうと思っていたボクだったが、その後の生き方は昔と何も変わらなかった。人はそんなに簡単に変わるもんじゃないとつくづく思った。そんなボクは一本の電話であるとき教会に導《みちび》かれていく。

その後、神を信じて受洗するが、ボクは神を裏切り続けていく。だがボクを見かねた神はある事件でボクを逮捕させてしまう。悪の道から離れないボクに悔い改めを行わせようとしたのだろうか。

留置場のカビ臭い布団の中で夢の中に現れた不思議な業に助けられて初めて神と出会っ

た。

このときからボクの方から神を引っ張り込んで会ってみようと思った。神に会って問いかけたいと思った。なんでボクみたいなぼんくら頭のヤクザな人間を生んだのか、その理由も知りたかった。

聖書を読んでいても、礼拝に出ても答えは見つからない。ただひたすらに祈りを込めて、キリストを自分の前まで引っ張り続けたのだ。キリストは何も答えてくれないままだった。でも何度も何度も祈りを続けると、なぜか自分を赦《ゆる》せるような気持ちになってきたのだ。ボクが自分自身を裁くのをやめる。そんな気持ちに変わった気がした。具体的には無理して罪を犯していた自分に気づかされたのだ。

今思えば、不幸になることに対して自信過剰だったのではないか。そう気づいたとき、ボクはもうダメになる努力はやめようと思い、きっぱり悪事から足を洗い、真面目になろうとして、悔い改めた。亡き母との約束でもあり、何度も神に助けてもらっていたからその義に報《むく》いるためであった。自分の弱さと戦い続けた結果、四〇年間働いたことのないボクが、現在は建築現場で墨《すみ》出し職人として働いている。何度も神を裏切り続けてきたボクを神はこうして憐《あわ》れみをかけて救ってくれたのだ。

ところで、ボクはこの本で皆《みな》さんに何を伝えたいのか。

ボクはキリスト教徒になったからといって世の中の善と悪について説教するとか、そんな高尚《こうしょう》なことはボクのぼんくらな頭ではできない。むしろ、自分がダメになる話はできる。例えばシャブに対してはその快楽と禁断症状の苦しみや拳銃の仕入れ方、逮捕、取り調べ、警察の悪事、デタラメ裁判の話もできる。またこういう罪を犯したら何年臭い飯を食うのかという話もできる。ただ、ボクが伝えたいのはもっと切実な話だ。

どうしたら自分の生きやすい居場所を見つけることができるのか。この話はヤクザのシノギの話なんかよりも、皆さんの役に立てるような気がする。特に会社・学校など組織の縛《しば》りの中で今イチ自分の居場所を失っている人や、定年退職前の人や、あるいは引きこもりの本人やお子さんが引きこもってしまった親御さんなどに読んでもらえると、あまりにデタラメでワンダーな話で気持ちもラクになり、こんな人生もあるんだなぁ、と呆《あき》れて現状を突破できるかもしれない。

とはいえ、人生で自分がダメになりそうなときゆっくり深呼吸をしてもう一人の自分と「対話」することを伝えたいだけかもしれない。ボクの場合、世の中との関わりでは、すぐカッとなって自分と向き合えず、犯罪に走ったことが最大の後悔かもしれない。

行動する前の自分をもう一人の自分、そうボクの場合は、自分の心の中に引っ張り込んだ神の視点で認識すること。それだけで自分の本当の気持ちが整理できて、自分の存在を確かに感じることができるのだ。

煎《せん》じ詰めればこのたった一つのことだけかもしれない。だから、これから始まるボクや愛《いと》しささえ感じる懲役囚たちのバカ過ぎて真剣な犯罪と塀の中のエピソードを笑って欲しいと思う。

そうだ、今思えば、ボクは押し入れの中や塀の中で妙に落ち着くのはなぜか、はっきりわかった気がする。

ボクは、二歳の頃《ころ》に亡くした母のお腹の中に戻りたかったのかもしれない。

何度も何度も人生のやり直しを求めていたのだ。

ボクにとって塀の中は、母の子宮だった。

塀の中はワンダーランド――目次

[第一章]

ワンダーな塀の中へ

［第二章］

凶悪で愉快な塀の中の住人たち

［第三章］

シャバとシャブと地獄の釜

［第四章］
ヤクザなボクとキリスト

[第一章]

ワンダーな塀の中へ

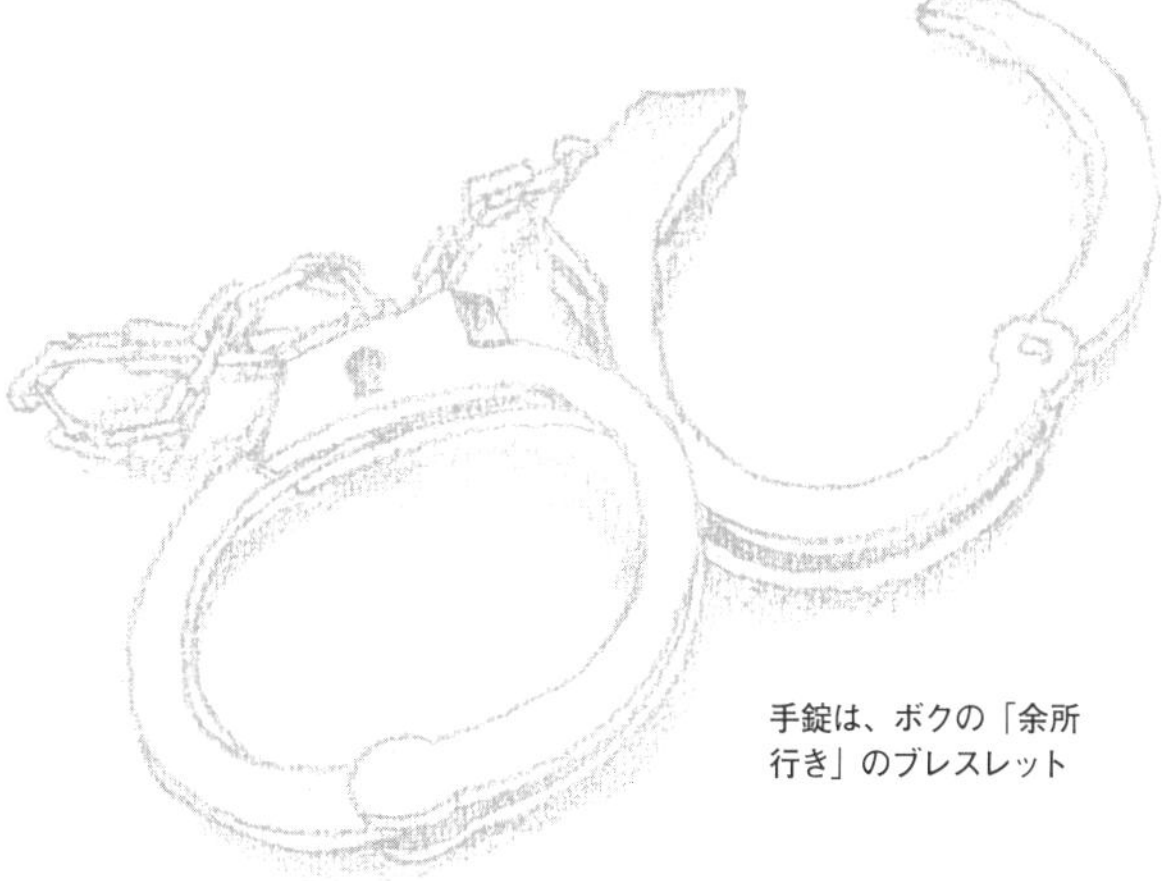

手錠は、ボクの「余所行き」のブレスレット

ポール・フィッツジェラルドって誰？

平成六（一九九四）年一〇月、ボクは今はなき東大和市の「デニーズ」で、ある事件のケジメとして自分の右手の小指を出刃包丁で切り落とした。

その右手の小指に巻いた包帯の白さが目にも痛々しいボクは、痛みに顔を引きつらせながら、自宅のリビングでテレビのニュースを見ていた。そこには、当時世間を騒がせていた奇妙な教団が映っていた。この奇妙な教団は、それから半年後の平成七（一九九五）年三月二〇日、未曾有《みぞう》の「地下鉄サリン事件」を引き起こす。

そしてその翌日、この地下鉄サリン事件で世間が大騒ぎしている最中に、ボクはチンケな盗難カード詐欺《さぎ》の容疑で、田無警察署にパクられてしまったのである。

盗難カードは、そもそも沼田という男が持ってきた物だった。この沼田との馴《な》れ染《そ》めはこうだ。知人のヤクザ者のところで、日頃の行儀の悪さから出刃包丁で頭を割られ、血溜まりの中、沼田が正座させられていた。偶然そこへ訪ねていったボクが仲裁に入る形で、この沼田を預《あず》かったのだった。

年齢はボクと同じ三九歳。国士舘大学を出ていて、身体はデカく、身長はボクと同じ一八〇センチほどあった。見た目は格闘技のK－1で活躍していた武蔵を彷彿《ほうふつ》とさせ、ヤクザ者ではないが、かといって、まっとうなカタギでもなく、ヤクザ社会と堅気社会の狭間《はざま》で器用に生きていた。その姿は、潮が引いたときに海岸に現《あらわ》れる、泥の底で生きている生物を彷彿とさせていた。

あるとき、沼田は新宿の窃盗団から流れてくるいつもの盗難クレジットカードの一部を、ボクが持っているカードと差し替《か》えるために、待ち合わせ場所の久米川ボウルの駐車場へやってきた。今にもへタりそうなセダンをガタガタいわせながら乗りつけてくると、沼田はキョロキョロと周囲を警戒しながら、ボクのレクサスの後部座席へ乗り込んできた。

「暑いですね。きょ、きょ、今日も……」

沼田は臭いのする汗をかきながら挨拶《あいさつ》をしてきたが、ボクはただ振り向いただけで何も言わなかった。彼はそんなボクに構《かま》わず、手にしていたハンカチでしきりに汗を拭《ふ》きながら、胸のポケットから盗難カードを取り出すと座席の上に広げ始めた。

ボクは運転席から身を捩《よじ》ってその様子を見ていた。しばらくカードをいじっていた沼田は、色とりどりのカードの中から一枚を掴《つか》むと、奥歯を噛《か》んで下顎《あご》を前に突き出すようにして言った。

「あ、あ、アニキ、こ、こ、このカード、つ、つ、使ってください。そ、そ、そろそろ、ま、ま、前のは、や、や、やばいスよ」

緊張すると吃《ども》る癖《くせ》のある沼田は、そう言ってボクにカードを寄こした。

いつもなら受け取ったカードを無造作にポケットにしまうボクは、沼田の怪《あや》しげな汗に一瞥《いちべつ》をくれると、手にしているカードをひょいと引っくり返してみた。すると、名義人のところに幼児が悪戯《いたずら》書きでもしたかのような英字らしいサインがしてあった。英字に弱いボクはそれでも読んでみることにした。

「ポ？　ポ、ポール・フィー？……」

読めなかった。

「おい沼田、これ、何て書いてあるんだ」

仕方なく訊《き》いて、そのカードを沼田の顔ツラに突き出した。カードを一瞥した沼田はすぐに、「ポール・フィッツジェラルド（Paul Fitzgerald）」と淀みなく読み、歯肉を剥《む》き出してニッと笑った。

日本語は吃るくせに、なぜか英語は吃らない。ボクは言った。

「さすが、大学出のインテリアは、知識があるよな」と。

英字を難なく読んだ沼田の頭の良さに畏《おそ》れのような感情を抱《いだ》き、劣等《れっとう》感を持った。するとデリカシーのない沼田は「あ、あ、兄キ〜ィ、イ、イ、インテリアは、し、し、室内のことですよ。そ、そ、そういうときはイ、イ、インテリと、い、い、言うんですよ」と、ボクの心の内などまるで斟酌《しんしゃく》せず、自分のインテリジェンスを自慢するかのように注釈《ちゅうしゃく》を入れてきた。

「人もし汝《なんじ》の右の頬《ほお》を打たば左をも向けよ」という聖書の一節を思い出したボクは、その通りに、劣等感で左の頬をひっぱたかれたかのような思いになっていた。

それにしても、何でボクに外国人名義のカードなんか渡したのだろう。ボクは訝《いぶか》しい顔を沼田に向けた。

「おい沼田、やっぱしオメェ、頭がいいなぁ。さすが大学出だけはあるな。ところでオメェ、このオレに外人《ガイジン》になれってぇのか。『ジス・イズ・ア・ペーン』しか知らねぇこのオレに……」

奥歯をカタカタ鳴らし、顔から汗を噴き出している沼田は、デカい身体を窮屈《きゅうくつ》そうに動かしながら必死に抗弁した。

「あ、あ、アニキ。だ、だ、大丈夫ですよ。あ、あ、アニキ、か、か、顔、ま、ま、真っ黒だし……、が、が、外人に、み、み、見えますよ」

ときどき日焼けサロンで肌を焼いているボクの真っ黒な顔を見て、いったいどこの国の人間に見えるというのだろうか。どう見たって、フィリピン人かベトナム人、もしくはタイ人ぐらいにしか見えない。目を回した酔っ払いだったら、アフリカ人にも見えるかもしれないが。なのに、おそらくはアメリカ人であろうポール某《なにがし》に見えるなどと、訳《わけ》のわからないことを言い出したのである。

ボクはそんな沼田に、「テメェ、またおかしなシャブ（覚せい剤）、やってんじゃねぇだろうな。訳のわからねぇこと言い出しゃがって……」と、わざと怒るような顔をつくって訊いてみた。

すると沼田は、「あ、あ、アニキ、う、う、疑ってるんですか？」と、白《しら》を切ってくる。ボクはそんな沼田に、「テメェのその汗とカタカタやっている顎は何だぁ。まるで水面でパクパクやってる酸欠状態の金魚じゃねぇか」と言ってやった。

沼田は目を不安そうにキョロキョロと動かし、やばいと思ったのか素直に、「す、す、すいません。や、や、やっちゃいました」と白状し、

「そ、そ、それより、きゅ、きゅ、給油に使うだけだったら、だ、だ、大丈夫ですよ。きょ、きょ、今日中に、に、に、日本人、め、め、名義の、カ、カ、カード、に、に、二〇枚、ど、ど、どうしても持っていかないと、ま、ま、まずいんです」

と巧《たく》みに話題の矛先《ほこ》を変えてきた。沼田は流れてきたカードの卸元《おろし》をやっていたのだ。客から注文があったものの、一枚どうしても足りないことから、ボクの持っている日本人名義のカードと差し替えたかったのである。

「わかった。このカードで問題ないなら、オレは今からポールちゃんだ。ところで沼田、一度このオレをこの名前で呼んでみろ」

「えっ、あ、あ、アニキをですか？」

「そうだ」

「か、か、勘弁《かんべん》してくださいよ。あ、あ、兄貴ぃ〜」

「駄目《だめ》だ、言ってみろ」

「わ、わ、わかりました。そ、そ、それじゃあ、い、い、いきますよ」。

ボクはいったん言い出すとしつこい。それを知っている沼田が汗びっしょりの顔をボクに向けた。

「ポッ、ポッ、ポッ……」

言い始めたが、どうした訳か、今回は吃っている。

ポッ、ポッ、ポッじゃあ、鳩ポッポだ。だが、口を尖《とが》らせた沼田の顔は、鳩というよりもタコの吸出しのようだった。

これじゃあ日が暮れちまうと思ったボクは、「わかった。わかったからもういい」そう言って、旧《ふる》いカードを沼田に渡した。何事も大雑把でアバウトなボクは、そのまま外人名義の盗難クレジットカードをポケットへ投げ込んだ。このクレジットカードを田無市（現・西東京市）のガソリンスタンドで使用したのが、運のツキとなってしまったのだ。

一度ツラがつくと、落ち目の三度笠になるのは早い。ボクはその後の一四年間、監獄と世間を忙しく行ったり来たりする破目《はめ》になってしまう。

パクられた事件の顛末《てんまつ》は「何でこうなるの？」と嘲《あざ》笑われても当然の、ドジで間抜けなシチュエーションであった。

「バカヤロー、出て来い!」

当時のボクの女房は、名前を由果《ゆか》という、一五歳も下のヤバイ系の女だった。外でのボクは天下御免のボスだったが、家に帰るとボスの座は女房に握《にぎ》られていた。そんな女房とユキテルという一歳八カ月になる可愛い息子の三人で暮らしていた。

ボスである奥さんは、毎月二〇日ぐらいになると、遊び人のボクに向かって、

「ジンさん、毎日遊んでばかりいて大丈夫なの? 生活費、二五日にはきっちりもらうからね」と、外では債務者に追い込みをかけているボクにキツい追い込みをかけてくるのだった。

ボクが食べる家での食事は極めて質素であった。魚が好きなことから鯖《さば》の塩焼きなどといった物が多い。反面、奥さんは焼き魚を食べているボクの前で大口を開け、一〇〇グラム八〇〇円もするステーキを食べたりする。

それでもボクは、そんな奥さんに頭が上がらなかった。過去の浮気事件が災《わざわ》いしていたからである。

あるとき、浮気相手の女が助っ人の女を連れ、二人で家に乗り込んできて、

「わたし、奥さんからジンさんを奪《うば》おうとは思わない。ジンさんのサイドの女でいいから二号さんにしてよ。だから、奥さん、これからは仲良くしましょう」

そう言ったもんだから、大変な騒ぎになってしまった。奥さんの方にもこのとき、たまたま悦子という友達が来ていたから、テーブルを挟《はさ》んで女四人が殺気立ち、激しい言い争いとなる。

「二号にしてよ！」

「ダメです！」

「いいじゃない！　減るもんじゃないんだから！」

「ジンさんは渡しません！」

応酬合戦は三〇分ほど続いた。

こういうときの男はだらしがない。ボクはどうすることもできずに途方に暮れ、部屋の真ん中に後ろを向いて、人ごとのようにして黙って座っていたのだが、

「ジンさん、黙ってないでこっち向いてよ！　アンタのことでしょ！　何とか言いなさいよ！」

二人から同時に言われてしまい、頭がクラクラしていたボクはそのまま振り向くと正座をさせられてしまったのだった。情けなかった。

ボクの奥さんは、過去に出刃包丁を振り回して久米川の町中で、自分の母親を追いかけ回したという武勇伝というか、破廉恥《はれんち》な事件を起こしていた。

身体は小さいが、直情径行《ちょくじょうけいこう》型ですぐにキレる。キレるといえば、ユキテルが生まれる平

成五（一九九三）年八月一日、入院先の産婦人科医院の分娩室で、お腹からなかなか出てこない我が子に苛立《いら》って、

「バカヤロー、出て来い！」と絶叫した。

ぶちギレて踏ん張ったことが幸いし、無事にユキテルがこの世に生まれてきたのだった。

このとき、ボクは鼻の下を伸ばして「や○ぎ」という小料理屋の浮気相手の娘といちゃついていた。そんなとき、弟分の尚《なお》から「子どもが生まれた」という連絡が入ったので、さっさと女を放っぽって、わが子誕生の喜びに産院へ駆けつけた。

奥さんの「バカヤロー事件」は、もう産院中で噂《うわさ》になっていたから、看護師たちに好奇の目で迎えられ、その挙句《あげく》、年配の看護師からは、

「私も長い間、助産師をしてきたけど、奥さんのような方は初めてです。新しい生命が誕生するというのに不謹慎ですね。普通だったらご主人の名前を呼ぶとか『あなたぁー』とか言ったりするのに『バカヤロー、出て来い！』と言ったんですよ。本当に呆れてしまいました。この先、母親が務《つと》まるのかしら……」と呆れられてしまった。

こんな規格外な奥さんだから、ボクはいつもハラハラドキドキして、毎日、ボスである奥さんの顔色を窺《うかが》いながら生活していた。

この頃、ボクは奥さんから、「五月のゴールデンウィークに与論島に連れて行け」と言われていたので、家族揃《そろ》ってバケーションを楽しむ計画を立てていた。

ボクがパクられるその日、奥さんは海辺の男どもが目ん玉を引ん剥《む》くような露出度の高い水着を、デパートへ買いに行く予定だった。

奥さんはスタイルには自信があったようで、いつかこんなことを言っていたことがある。

「由果、歩いていると、いつも男たちから声をかけられちゃう。ただし後ろからね。振り向くと『あっいけねぇ、間違えちゃった』と言われちゃうの。だから由果、前は駄目だけど後ろ姿はいいみたい。バックシャン（後ろ姿美人）ね。ギャハハハハー」

屈託《くったく》なく笑うのだった。

こんな調子で自分はブスだと認め、バックシャンを自認するくらいだったから、スタイルには自信があったのだ。顔は某《ぼう》女子柔道家似、少し突き出た感じの顎はプロレス界の大御所、アントニオ猪木に似ていなくもなかった。

奥さんの母親は美人だったから、悪戯坊主がそのまま大人になったような顔の父親に似たのだろう。

そんなことで、与論島ではバック姿のみの悩殺ルックで、男どもの視線を釘づけにするつもりでいたのである。だが、決して後ろを振り向いてはいけなかった。期待した男どもがガッカリするからだ。

でもボクは、そんな奥さんの東村山的素朴な顔立ちや、博打《バクチ》好きで危険な性格にどこか愛しさを感じていた。

その日は、後見人となっている渋谷の某組織の直参《じきさん》、鈴木組長と新宿で会う約束があった。愛車レクサスのハンドルを握って、東村山警察署の裏道を抜けて新青梅街道に出ると、そのまま新宿方向に車を走らせた。

小金井街道を突っ切って少し先に行くと、左手に航空記念公園が見えてくる。その並びにいつも売れない外車をトレードマークのようにして置いている中古車ディーラーがある。そこを少し過ぎ、反対車線側にあるガソリンスタンドに乗り入れた。

車から降《お》りると、ボクはポケットに突っ込んであったポール・フィッツジェラルド名義のカードを取り出して従業員に渡した。

待合室に入ってカウンター前のソファーに身を沈め、煙草に火をつけて待っていると、先ほどの従業員が現れて言った。

「あのー、お客様、お預かりいたしましたお車なんですが、タイヤが破損されているのですが、いかがいたしますか？　一度ご確認いただいて、もしよろしければ、当店ではただ今タイヤキャンペーン中ですので、お取り替えされてはいかがでしょうか？」

まだタイヤの破損状態を見ていないボクに、その従業員はさもタイヤを交換しろと言わんばかりにタイヤの売り込みをしてきた。

表へ出てみると、たしかにタイヤの脇が爆《は》ぜたように破れている。自宅のマンション脇の路地に停《と》めておくと、ときどき悪戯されてしまうのだ。

ドジで間抜けな逮捕劇

「ちくしょー、またやられたか……」

腹立たしさと同時に、ボクの意識は過去に愛車レクサスのバンパーを悪戯されたときにフィードバックした。何かの金属片《へん》でバンパー一面に、例の東京都のマークに似た女性器の絵をアートされていたのだった。

ボクはその頃、債権の回収が仕事の一つだった。そんなある日、悪戯されたままのレクサスを駆《か》って債権回収先の会社の入口に乗りつけたのだが、これがそもそもの失敗の始まりだった。

「社長さん、この手形、知ってますよね。おたくの社員がこの手形で松山の『B』という宝石商から、卸値で一〇〇〇万円相当の真珠のネックレスをパクりましたよね、手形差し替えて。その金額と慰謝料を、合わせて一三〇〇万円、返済してもらおうか」

この債権は四国松山のある代議士を通して、兄貴分となっている某建設会社の社長からコミッションされたものであった。

「あんさん、何言うてまんねん。以前うちにおった社員が勝手にやったことでっしゃろ。そやから、わしは関係おまへんがな」

アゴの張った感じが一筋縄ではいかない狡猾《こうかつ》さを現していた。

ふてぶてしく居直る社長にボクは凄《すご》んでみせる。

「おい！　社長さんよ。社員は会社の命令でやってるんじゃねぇのか。その命令は社長命令だろうが……。とぼけてんじゃねえぞ！」

そのとき、踏ん反《ぞ》り返る社長席の背面の窓越しに、表に停《と》めてあるレクサスの周囲でランドセルを背負った学校帰りの小学生たちの姿がちらちら見え隠れしているのに気づいた。

「この車、ボクのお父さんの車と同じだけど、ハンドルが左についてるぞ。変だなぁ？」

一人の小学生が運転席を覗《のぞ》いて呟《つぶや》いた。

すると、バンパーのところでうろちょろしていた数人のガキのうちの一人が戯《おど》けた調子でわめいたのだ。

「スゲー！　この車、でっけぇお◯◯ちょの絵が描いてあるぞ。ねえねえ、見て見てぇ！」

この声に、周りにいたガキどもがいっせいにバンパーの前に集まってきた。そしてアートされた悪戯描きの絵を見ると、口を揃えて叫《さけ》んだのである。

「うわぁー、出たぁー。ウルトラお◯◯ちょだぁー！」

ませたガキの一人が言った。

「どうだ、匂《にお》うか？」

するとガキどもはいっせいにレクサスのバンパーに鼻ヅラを押し当てて、くんくんと匂いを嗅ぎ、「うわぁー、臭せぇぞー！」と素頓狂《すっとんきょう》な歓声を上げると、蜘蛛《くも》の子を散らすようにいなくなってしまった。

それらの声が耳に聞こえていたことから、ボクはすでに屈辱にまみれ、テルモの赤キャップ（注射器のキャップ）のように顔を赤くしていた。

そんなボクの目の前では、傲岸不遜《ごうがんふそん》な態度で踏ん反り返る社長が、笑いを必死に堪《こら》え、身体を小刻《きざ》みに震《ふる》わせている。これでは、どっちが追い込まれている状況なのか、まったくわからない。

一緒《いっしょ》に行ったボクの弟分はプロレスの故・ジャンボ鶴田に似ていた。その弟分が大きな顔を苦々し気に歪《ゆが》め、「チッ！」と舌打ちをして立ち上がり、表の様子を見に行った。そして少しして戻ってくると、ボクの耳元に口を近づけて言った。

「アニキ、駐禁の輪っかがはまってます。それとバンパーにカラスの糞が……」

その途端《とたん》、ボクの口から思わず、「くそぉ」というシャレにもならない言葉が飛び出した。あまりの情けなさと、状況の焦《あせ》りによる複雑な思いが頭の中をグルグルと駆け回り、ボクの身体からドッと冷や汗が噴《ふ》き出る。まさに、弱り目に祟《たた》り目だった。

「どうなさいますか、お客様。これだけ、いいお車なら、新しいタイヤに交換された方がお車も傷《いた》まず、いいと思いますが……」

父っちゃん坊や顔の従業員が、にこやかにほほ笑みながら勧《すす》めてくる。

我に返ったボクは一本だけ新しいタイヤにしても格好つかないことから、全部のタイヤをカードで交換することにした。タイヤはミシュラン、値段は八万二〇〇〇円プラス消費税だった。

「よし、取り替えるので、支払いはカードにしてくれ」

「わかりました。お預かりしているカードでよろしいですね」

「ああ、いいよ」

そう言うとボクは待合室に戻り、また煙草に火をつけてプカプカやり始める。

ガランとした店内には、ボクの他に数人の客が車の仕上がりを待っていた。するとまもなくソファーに座っているボクの後方から声が上がった。

「お客さん、カード会社の人が電話に出てくれと言ってますけど……」

ボクは何のことかわからず振り向いた。するとカウンターの奥に設置してある電話機のところから、受話器を握った別の従業員がボクの方を見ている。

「オレか?」

ボクが自分の顔を指して叫ぶと、「お客さん、このカード使えないらしいです。カード会社の人が電話に出てくれと言っているんですけど……」と言う。

このときボクは初めて、従業員がカード会社へ承認を取っていることに気がついた。

間抜けなボクは従業員に向かって叫んだ。

「カードが駄目なら現金で払うから、早く交換してくれ。そんな電話、放っぽっといてかまわねぇから」

財布から九枚の一万円札を抜き取ってカウンターの上に置く。

従業員はそんなボクの言動に困惑した表情を浮かべながら、何かを言おうとしていたが、その口を噤《つぐ》むと、そのまくるりと背を向けてしまった。そして、電話口に向かってしきりに何かを話し始めた。

ボクはカウンターに置いた九枚の札びらに背を向けると、くちゃくちゃになったラーク・マイルドソフトの煙草の取り口に指を突っ込んだ。そして折れ曲がった煙草を一本取り出して口に咥《くわ》え、手にしていたライターで火をつけた。ソファーの上で、煙草の先から上がる紫の煙をくゆらせながら、呑気《のんき》に南の島へと思いを馳《は》せ始める。

このときボクは、なぜ従業員から盗難カードを取り返してズラかるという行動に出なかったのか、不思議でならない。

誰かがボクの背後から肩を叩《たた》いた。ふと、夢から覚《さ》めたかのように振り向くと、そこに制服を着た警察官の顔があった。このときになっても、ボクは自分の置かれている状況を把握《はあく》することができなかった。

「あなた、ポールさん?」

「えっ? オレ?」

「そう、あなた、ポール・フィッツジェラルドさんですか?」

突然尋《たず》ねられたボクは内心、ヤベーと思いながら、

「オレ？　あ、そうそう、オレ、ポールだよ、ポール」

思い出したように答える。

このときになって初めて、状況が飲み込めたのだ。

「それではポールさん、事情を聞かせてもらうので、署まで来てくれるかな」

数人の警察官に囲まれて表へ出ると、数台のパトカーがボクの愛車レクサスの行く手を遮《さえぎ》るように停まっていた。

結局ボクは、この手の犯罪の常識とテクニックといった必要最低限の知識がなかったことから、トンマで間抜けでドジな逮捕劇を演じてしまったのだ。

教訓。「犯罪はしっかりテクを身につけて準備万端《ばんたん》抜かりなく」じゃない、「犯罪はよそうやめよう手を出すな」である。

「出せ、出さない」の押し問答

ボクはこうしてパクられるまでの三年間、まるで〝犯罪の申し子〟のように、様々な犯罪に手を染めていた。

平成六（一九九四）年七月九日、ボクの兄貴分である西一雄は、ある事件が発端《ほったん》で、以前所属していた組織の人間十数人によって、撲《ぼく》殺という残虐極まりない殺され方で地獄へ

堕《お》ちて行った。死体は神を祀《まつ》る奥日光の男体山《なんたいさん》からあがった。

修羅の道を生きた男の悲しい最期である。

だが、極道をやっていれば殺《や》る方も殺られる方も被害者、加害者になり得るのだ。どちらも地獄である。滅《ほろ》んで行くことを覚悟でやっている以上、双方恨《うら》みっこ無しがルールなのだ。

埋《う》められたときにはまだ微《かす》かに息があったといい、裁判の争点にもなっていたようだ。

金属バットで強打されたことによってできた頭部の傷が致命傷となった。その傷跡は、金属バットという凶器の凄《すさ》まじさを物語るように、生々しく西の頭蓋骨に残っていた。警察発表は「外傷性ショック死」だった。

一〇月の終わり頃、ボクは弟分たちを連れて、西の死体があがった男体山を訪ねた。そのときに見た日光の山々は、秋冷に赤く染まり始めていて、それはまるで西が流した血の色のように紅かった。

その年の一一月四日、今度はボクの兄弟分である篠田直樹が、西に呼ばれたのか、そのあとを追うように自らの命を断《た》ち、この世を去って行った。心の優しい男だった。

突然二人もの兄弟分を失ったボクは、抜け殻のようになって絶望の淵《ふち》に沈んでいった。日々深い悲しみに虚無《きょむ》感を募《つの》らせ、屍《しかばね》のようになっていたボクは、大きく開いた心の空洞を満たすかのように、自虐《じぎゃく》的にシャブに溺れていった。そして気がついたときには、いっぱしの**ジャンキー**（中毒者）にでき上がっていた。

白濁《だく》した結晶体のシャブに、**イレブンナイン**（九九・九％）の**コカイン**（麻薬）を混《ま》ぜた物をパウダー状にし、鍵《かぎ》の溝を使って鼻から吸い込む。するとたちまち、涙腺《るい》にツーンと痛みを伴う痺《しび》れが襲って来る。〝**スニッフィング**〟だ。

フッ、フッ、フッと、身体の中を走る白い悪魔の快楽が全身の体毛を逆立たせる。そして足の先から頭のてっぺんまで、白い悪魔の哄笑《こうしょう》が大きく響《ひび》きながら駈け抜けてゆく。その瞬間、ボクは、味気ない空虚な現実から活《い》き活きと躍動する陶酔《とうすい》の世界へとスリップするのだ。ボクの目の中の映像が色鮮《あざ》やかに蘇《よみが》える。そのとき、感性が次元を超《こ》えて鋭く尖り、その世界の主人公になっていた。

ボクはこのようにして、**エス**（シャブ）とコカインを決《キ》めて犯罪に走るとき、まるで水を得た魚のように生き返っていた。白い悪魔の快楽によって……。このときばかりは、ボクの空虚な心は満たされていた。

しかし、薬が切れて、この一時の陶酔からだんだん現実世界へ引き戻され始めると、漠々《ばくばく》としてヒビ割れ、乾いた大地が、ボクの心の中に無窮《きゅう》に広がり始める。この空虚な心はエスというフレンド以外では満たされることはなかった。

この頃のボクの日常はというと、常《つね》に何かの犯罪に関わっていた。いつ、手首に冷たい手錠がガチャリと音を立てて食い込んでもおかしくなかった。警察や警察のＯＢで組織される**警友会**に身辺をマークされていないか、常に細心の注意を払っていたことから、気の休まる暇《ひま》がなかった。

　誰がリークしたのかその出処《どころ》は不明だが、あるとき、ボクはH署の銃器班から拳銃二丁を隠し持っているのではとの嫌疑がかかり、数カ月もの間、総動員された警察OBやら現役警察官らから、動静を内偵《てい》されたことがあった。またあるときは、立川署の薬物銃器班の連中が、ボクの生活圏《けん》にその影をちらつかせたこともあった。もちろん、所轄《しょかつ》の東村山署の**四課**（暴力団に関する事案を取り扱う刑事部捜査第四課。通称「マル暴」）や生活安全課からは常に監視下に置かれ、その目が光っていた。

　しつこいのは、警察の手足となって情報活動を行い、跳梁《ちょうりょう》する「警友会」のクソ連中だった。定年退職している連中の中には、ヨボヨボになった爺《じい》さん、婆《ばあ》さんもいる。その連中が水を得た魚のように手を替え品を替え、現役時代に身に付けた刑事特有のオーラを発しながら、躍起《やっき》になってボクを追いかけ回してくるのである。

　最初のうち、ボクはその忌々《いまいま》しい連中をからかい半分に巧みに煙に巻いて、ゲーム感覚で楽しんでいた。しかし、そんな日常がだんだんボクの心を虚《むな》しくさせていき、自分の生き方に嫌気を感じて、疲れ始めていた。ボクの目の前には、ただ無限に暗黒の闇《やみ》が広がるばかりであった。

「そろそろ懲役が恋しくなってきたよ」

　ある日、弟分の尚と鉄の二人に冗談めかしてこぼしたことがあったが、そんなボクの思いは一瞬、本気でもあった。犯罪を繰り返す生活、展望のない生き方に疲れを感じていたからである。このときボクは、心のどこかで家族を見捨てていたのかもしれない。

そんなボクが吐《は》いた言葉を、天の神は聞いていたのだろう。そして神の執行部の面々が寄り集まり、「奴をしばらく獄の中へ放り込んでおけ」と衆議一決、お仕置きの決定が下されたのかもしれなかった。

それから一週間後、ボクは笑うに笑えない、しかし、嘲笑われて当然の、トンマで間抜けでドジな逮捕劇の主人公を演じてしまったのだ。


「ポール・フィッツジェラルド」のまま、田無警察に連行されたボクは、過去の犯罪歴から、カード詐欺の件はそっち除《の》けにされて、強制採尿の令状を執行される寸前までいった。そして尿を任意《にんい》提出するまでの数時間、ボクは暴力担当の玉木という係長と、尿を任意で出せ、出さないの押し問答を繰り返していた。カード詐欺にドラッグの使用がついたのでは量刑的にもいい線にいってしまうからだ。こっちも身体がかかっているから必死だった。

そんなことから、取調室では、ボクと係長の激しい怒鳴り合いが続いていた。

「ふざけんじゃねぇよ！　何がションベンだ！　別件じゃねぇか！」

「うるせぇ！　ぐだぐだ言ってねぇで、大人しくションベン出せぇ！」

「誰が出すもんか！　そんなに出してほしけりゃ、オレに頭下げて『お願いします』と言ってみやがれ」

「何を！　おーし、憶《おぼ》えてやがれ。あとで泣くなよ。この野郎！」

こんな具合で、ボクは頑《がん》として任意での尿の提出を拒否していたのだった。

係長はわかっていた。尿検査をすれば必ず〝ヒット〟すると……。しかし、任意で尿が採《と》れないとなると、煩《わずら》わしい令状請求書を作成して、裁判所へ強制採尿の請求をしなければならなくなることから、それを避《さ》けるためにも、どうしてもボクに任意提出をさせようとしているのだ。

睨《にら》み合っていた係長の仏頂面《づら》が、アゴを突き出すようにして横に振られたかと思うと、椅子を蹴《け》るようにして立ち上がり、取調室から出て行った。代わりに入口に立っていたイガグリ頭の刑事が入ってきた。

「サカハラ、そうカッカするなよ。まぁ、落ち着いて一本吸いなよ」

センスの悪い花柄《がら》模様の派手なオープンシャツを着たイガグリ頭が、パーラメントの煙草の箱を机の上にポンと投げると、ボクの前に座った。

愛嬌のある丸い顔には、柔道で寝技をかけられてできた耳ダコの餃子が張りついていた。イガグリ頭はデカというよりも、関西のお笑い芸人パチパチパンチが上方《かみがた》お笑い劇場でヤクザに扮《ふん》したといったような感じだった。

こいつはアカ抜けねぇな。しかも薄給取りのくせに、生意気にもパーラメントなんか吸ってやがる、と、ボクは机の上に投げられたパーラメントの箱を見て思った。

ボクが無言でいると、イガグリ頭は目の前のパーラメントの箱から一本抜き取って軽く口に咥え、机の上から一〇〇円ライターを掴んで、気取るようにして火をつけた。そして歌舞伎役者が眉間《みけん》に縦皺《じわ》をつくるような顔で、旨《うま》そうに紫煙を吸い込んだ。その顔は東映ヤクザ映画の主人公が、さも旨そうに煙草を吸っている風情を意識している感じだった。

しかし残念ながら、その見てくれは渋い俳優とはほど遠かった。そんなイガグリ頭が、スチール椅子に仏頂面《ぶっちょう》で踏ん反り返るボクに、「そう仏頂面してないで、一本やりなよ」と再び勧めてきた。

「いらねぇよ。そんな縁起《えんぎ》の悪い、仏滅みたいな煙草はよ」

ボクが言い返すと、イガグリ頭は驚いた顔をして、指の間から紫煙《しえん》を上げているパーラメントに視線を落とし、不可解な顔で眺《なが》めた。

そんなイガグリ頭にボクは言った。

「パーラメントを吸っている不良は、どういうわけだか、皆、詰んじまってるんだ。だからそれを吸っているお巡りさんも、これから先、芽が出ないかもしれないぜ」

するとイガグリ頭は驚き、改めて喰い入るようにパーラメントに見入った。

歳の頃四五過ぎに見えるイガグリ頭は、自分が係長になれないのは、もしかしたらこの煙草のせいなのかと考えていたのかもしれなかった。ボクはまた言ってやった。

「だいたいからして、ショボい月給取りのお巡りさんから、オレがそんな高い煙草をもらったんじゃ、気の毒だろう」

するとイガグリ頭は、「安くはないなぁ……しかし、高い煙草を吸ってそのうえ芽が出ないんじゃ、割に合わねよなぁ」と、少しガッカリしていたが、「でもさ、オレはパーラメント気にいっているんだ。オレにはこの煙草が合っているんだよ」。

納得したように机の上のパーラメントの箱をヒョイと掴んでかざすと、「ほれ、このパッケージ、なかなかいいだろう」そう言って、ニッコリした。

イガグリ頭は、ボクのシニカルな言葉も意に介《かい》さず、飄々《ひょうひょう》としていた。

このイガグリ頭のデカにとって、愛飲するパーラメントは、値段は高いが、憧憬《しょうけい》する任侠界の侠《おとこ》どもが好むことから、ある意味、それを真似《まね》ることで、自分のステータスとしていたのかもしれなかった。たぶんそうやって自分の虚栄《きょえい》心を満足させていたのだろう。だから、自分に合っていると言ったのかもしれない。このように、マル暴のデカ連中には、意外にヤクザに憧れている奴が多いのだ。

何でも格好からというが、マル暴の連中はそれを地で行くような格好をしている。だから見た目はヤクザと何ら変わらなかった。

「それよりサカハラ、出す気にならないのか、ションベン。ここまできたら、ジタバタするのはやめようぜ」

イガグリ頭は、やっと自分の使命を思い出したかのようにして、本題を切り出してきた。

「何言ってんだよ、別件じゃねぇか。だから関係ねぇよ。どいつもこいつも、まったくうるせぇんだよ」

ボクは吠《ほ》え、プイと顔を背《そむ》けてしまった。

すると、それまで気づかなかったが、鉄格子のはまった窓が開いていて、そこから車が行き交《か》う表の光景が目に映った。このときボクは、もしかしたらこの光景をこれから先も、ここで見るようになるかもしれないなという直感が脳裏を過《よ》ぎった。

「サカハラ、意地張ったってしょうがねぇぞ。ま、これから長い間、付き合うようになるので、よろしくな」そう言うと、イガグリ頭は取調室を出て行った。

灰皿には、きっちり根元まで吸われたパーラメントの焦《こ》げたフィルターが残っていた。

そのあと、四課の面々が入れ替わり立ち替わりボクの前に座っては、脅《おど》したりすかしたりした。ボクはそんなデカ連中にことごとく噛みついた。そんなことから取調室の入口には、何の騒ぎかと覗きに来たデカ連中で、いつの間にか人垣ができていた。

その人垣の間から、太い眉毛を吊《つ》り上げた容貌魁偉《ようぼうかいい》な係長の顔がヌッと現れた。係長はボクにチラッと視線を走らせると、そのまま椅子に座っている捜査員に視線を向けた。部下の捜査員が係長の意を酌《く》んで椅子から立ち上がると、係長は椅子を軋《きし》ませてそこに座った。そして、やにわに咆《ほ》えた。

「おい！　サカハラ！　お前、いい加減、無駄な抵抗やめて、ション便出せ！　お前の場合は蓋然《がいぜん》性ってやつで、強制採尿できるんだぞ！」

蓋然性とは、ある事柄が真実として認められる確実性の度合いのことである。ボクの場合、その確実性とは、過去にシャブの譲《ゆず》り渡しや営利などで実刑判決を受けた犯罪歴があることと、現在も徒党を組んで不法行為などを繰り返して（社会に滞在した三年間、いくつもの署からそれぞれ異《こと》なった事件で逮捕状が出されていて、全国指名手配にされたこともあった）いる事実があり、その都度《つど》、罰金や処分保留で釈放されている。その数八回ほどだった。また、愚連隊であることなどが、問い合わせ先の東村山署の四課で判明した。

そんなことから、強制採尿の令状を裁判所へ請求することもできるのだ。

「ふざけんじゃねぇよ！　何が蓋然性だぁ！」

ボクは蓋然性の意味を知っていたのでブチ切れ、憤然と立ち上がると、手にしていた携帯電話を思いっきり床へ叩きつけた。シャブの卸元の電話番号がいくつもメモリーしてあったからである。

叩きつけられた携帯電話は無残にも割れて砕《くだ》け散った。係長は、そんなボクのブチ切れに憮然《ぶぜん》としてボクを睨みつけていた。気がつくと、野次馬の捜査員たちはいつの間にか散っていなくなっている。

しばらくすると、憤然として仁王立ちしているボクのところへ、散乱した携帯電話の残骸をイガグリ頭が拾い、机の上に置いて出ていった。

「サカハラ、座れ」

係長が言った。ボクは黙ったままその場に立ち尽くし、無言で砕けた携帯電話を見つめていた。

畜生《ちくしょう》……悔しいけど、この眉毛野郎の言う通りだ。これでオレもシャバとはしばらくお別れだな……。いざとなると、こうやってジタバタしてしまい、**シャバ**（俗世間、一般社会）へたっぷりの未練を残していたのである。

ボクはハートブレイクの溜息《ためいき》をついていた。このとき、犯罪に明けくれた三年間のリアルな社会生活の映像は、砕け散った携帯電話とともに闇の中へフェードアウトしていった。

五丁と半分の拳銃無宿

鎮《ちん》痛な面《おも》持ちで残骸を見つめていたボクは、それでも塀の中に落ちたくない一心で、どうにか助かる方法はないものか、あれこれ考えていた。

やっぱり、あれしかねぇか……。
あることに考えが行き着いた。それは前にも何度か弟分たちのことで使ったことがある〝手〟だった。その手というのは、デカ連中が喉《のど》から手が出るほど欲《ほ》しがるもの、拳銃である。その拳銃を取引材料に使って、事件そのものを闇に葬《ほうむ》り去ることだった。

もう時効だから構わないだろう。

ボクは過去、いくつかの事件を闇に葬《ほうむ》ることで、五丁と半分の拳銃を警察へ提出したことがあったのだ。

一丁はM署が管轄するH駅ロッカーに入れてくれと、生活安全課の課長代理のFからの指示を受けて、実弾を込めた真性《しんせい》拳銃を提出したことがあった。真性拳銃とは改造銃ではなく、本物の拳銃のことである。

この提出に至《いた》った経緯は、ボクの指示で車を動かしに行った弟分が、行ったきりなかなか帰って来ないので、どうしたのかと心配していたら、M署に連行されて尿を採られていたのだ。これは明らかにボクを狙っての行為だった。ボクをパクれば、何かが出ることはわかっていたからだ。

一週間後、そのFからボクの携帯に電話がかかってきたので、

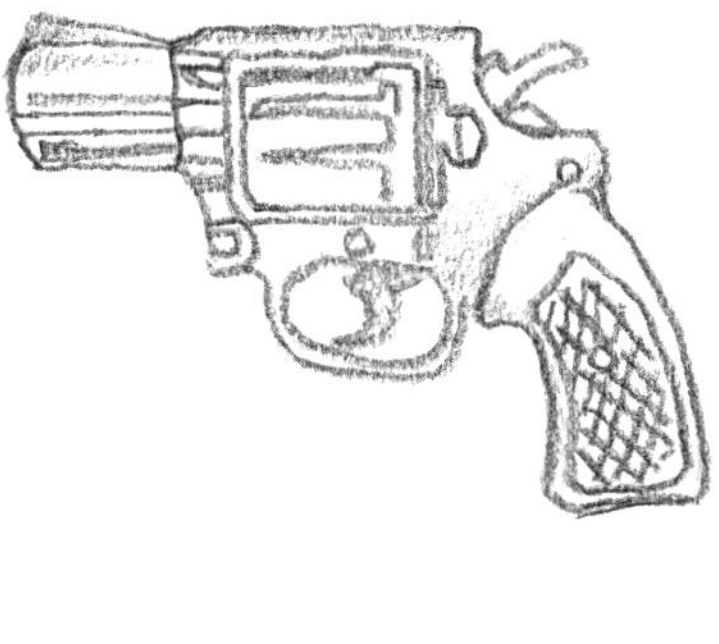

すぐに出向いて行った。

「ジンちゃんの舎弟の尿はまだ科学捜査研究所に出してないんだ。本人に聞いたらやっているし、どうする？　この色じゃあ、間違いなくやっているね」

見せてくれたポリ容器の中のションベンは、茶色く濁《にご》ってドロドロしたものだった。

そこでFから「ジンちゃん、〝魚心あれば水心〟だよ」と婉曲《えんきょく》に言われて、ボクは**コルト四五口径**の拳銃を提供する約束をし、事件を闇に葬り去ったのだ。

自分のケツは自分で拭《ふ》くのが当たり前のボクたちの生き方であったが、このときはこの弟分を懲役に行かせられない〝ある事情〟があったから仕方なかった。

このM署の生活安全課課長代理のFはその後、別の弟分がシャブの〝売〟をしていることにつけ込んで、ボクを強請《ゆす》ってきた。ある日、Fから電話があったので、生活安全課へ出向くと、Fから、「ジンちゃん、舎弟の尚は派手にシャブの〝売《うり》〟をやっているね。パクるパクらないはこっちの腹ひとつだ。どうしても一丁欲しいんだ。ジンちゃん、事件握るからさ、頼むよ」と言われたので数日後、用意した拳銃を提出した。

ところが、その拳銃は改造銃だったことから、ハンマーノーズが雷管に当たらず、殺傷能力なし。という、科捜研からの鑑定書類をFから突きつけられた。もうすでに現物がないことから、その書類のコピーをもらい、仕入先の相手にケツを持っていき、仕方ないので代わりにブローアクションの真性拳銃を出した。

しかし、この拳銃は一度、新宿の某所へのカチ込みで、ある組織の不良が発砲していることから、俗《ぞく》にいう**熱い拳銃**（前科のある拳銃のこと）だった。だが、警察と科捜研が熱い拳銃の処分を永久的に図《はか》ってくれたのだから、これほど確かな証拠隠滅はないだろう。

残りの三丁のうちの一丁は、知り合いのもう亡くなったいい兄ィが、青少年育成条例でH警察に引っかかり、その件をモミ消すことで、マル暴のデカと掛け合って、**マカレフ**を出したことがあった。もう一丁は、ブラジル製の**タウルス**という拳銃（この拳銃は立川のMという不良ルートから手に入れた物だった）だが、一五〇〇万円の恐喝未遂容疑でボクが小平警察にパクられたときに提出した。

このときは、ボクの犯罪歴から、検事が「尿を採れ」と捜査に言ってきたので、捜査の方から「週明けに尿を採るぞ」と言われていたボクは、留置場の風呂で発汗した汗を水を張った洗面器に何滴か垂《た》らして透《す》かしてみた。すると、落ちた水滴が水の中で化学反応を起こし、輪を形づくったのだ。完全に「アウト」だった。

そんなことからボクは当日、駆け引きに出て、ポリ容器に入れた他人のション便をタウルス一丁で買ったのだ。そのあと、尿から覚せい剤の陽性反応が出なかったこと（他人のション便だから当たり前だ）と、捜査協力ということではあるが、実にタイミングよく拳銃一丁が挙《あ》がってきたことから、検事は何やらきな臭いものを感じ取り、**違法な裏取引**があったのではないかと怪しんだのも当然だった。しかし、それ以上は追及してこなかった。

デカたちも刑事生命を懸《か》けているので必死だったのだ。

この一五〇〇万円の恐喝未遂事件で、ボクは被害者を追い込んだときに馬乗りになって、その首根っこを押さえ、ボールペンで目を突こうとして、後ろで控えていた舎弟たちに止められるということもあったが、どうにか脅迫に落ちて、罰金刑で釈放されたのだった。

それはそうだ。四課のマル暴に、「死んでいった兄ィの持ち物だから」と言って、最高の物を提供したのだから……。ボクと一緒に逮捕状の出ていた弟分二人も、ただ事情を聞かれただけですんだ。

そして最後の一丁。ボクはある若い衆を日本刀の鞘《さや》でぶん殴った件で、弟分の南原と一緒にM署の捜査四課にパクられたことがあった。間《ま》の悪いことにこのとき、生活安全課課長代理のFの、犯罪を嗅《か》ぎ分ける鋭い嗅覚によって、またもや覚せい剤か何かの別件が浮上して事件になりかけていたのだ。さらに、H署の銃器薬物班からも、拳銃二丁の捜査の件で問い合わせがあった。

ある日、Fに留置場から引っ張り出されたボクは生活安全課の取調室で、「このままじゃ、H署に身柄を持っていかれるな。オレが身柄を持っていかれないよう、向こう（H署）とも巧く話をつけてやるよ。それにこっちの件も巧くやってやるから一丁出せよ。ジンちゃん」と、例のごとく弱みにつけ込まれて一丁出す破目になってしまった。

FはH署の銃器薬物班に対して、プラスチック製の玩具《おもちゃ》の拳銃に黒くペンキを塗《ぬ》った物を、「情報提供者が見たのはこれだよ」と言って、その玩具の拳銃でチャラにしてしまった。

半年近くもボクのことを内偵していた結果が「玩具の拳銃一丁」というお粗末なことになったことから、H署の銃器薬物班のS係長は切歯扼腕《せっしやくわん》し、情けなく悔しい思いをしたはずである。

しかし、人の縁とは不思議なもので、それからしばらく経《た》って、ボクは知り合いの小平学園にある「R」のマスターから電話をもらった。その内容は「H署銃器薬物班のS係長から、是非《ぜひ》とも会いたいからセッティングしてくれないかと頼まれた」ということだった。H署の係長の住まいが小平にあることから、「R」のマスターは知り合いだったようだ。当時、このマスターは某組織の現役のヤクザだった。

しばらくして、ボクは「R」でH署のS係長と会ったが、このとき拳銃二丁の件を訊かれたのだ。

「ジンさん、もうすんだことですけど、本当は拳銃あったんじゃないですか？　僕は間違いなくあったと確信しています。ジンさん、本当のこと教えてくれませんか」

まるで胸のつかえを降ろすかのように訊かれたボクは、飲みかけたままのラムコークのグラスをそのままにして立ち上がった。

「そんなもの、初めからありませんよ」

ニヤリと、意味ありげな笑いを顔に貼《は》りつけたまま、そのとき一緒にいた奥さんと、まだ歩き始めたばかりのユキテルの手を引いて帰ってきた。

こんな具合で、合計五丁と半分だったのだ。

拳銃一丁で懲役が助かれば、安いものである。拳銃は人を殺す道具ではあるが、また人を助けるための道具としても使えたのである。ボクはこれまで、このようにして何回も、落ちそうになったクソ溜めの獄の壁をよじ登り、危機を脱してきたのだ。


「それは何の真似だ。チョキか?」


ボクは気を取り直すと、今にも噛みつきそうな顔で睨みつけている係長を、挑戦的な顔で睨み返した。

そんなボクの態度に係長が声を荒げた。

「サカハラ、どうしても出す気はないようだな。そうやっていつまでもゴネたって同じことだ」

ボクは無言のまま椅子に座ると、腕組みをして取調室の天井を仰《あお》いだ。目の前にいる係長に、どうやって話を切り出すか、そのタイミングを計っていたのだ。

すると、ボクがだんまりを決め込んだと思ったのか、

「おい! サカハラ、強情張《ごうじょう》るんじゃない! とっととションベン出せぇ!」

係長が、眉毛を吊り上げて咆えた。

その声に単細胞のボクは、頭の血管を即座にピクピクと反応させて、係長を睨み返していた。アッと思ったが、遅かった。これでは笑顔をつくって、話を切り出すどころの騒ぎではなかった。逆に状況の悪化を招いてしまっただけである。

「係長、わかった。もうてこずらせねぇ。その代わり、ちょっとオレの話を聞いてくれよ」

ボクは顔を引きつらせた。

ボクが突然豹変《ひょうへん》したことに、係長は不審げに左の眉毛をググッと吊り上げた。

「何だ、話とは……。やっと出す気になったのか?」

「係長、〝水心あれば魚心〟で、内密に係長と二人で話がしたいんだ。だからそこに立っているデカさんたちに、ちょっと席を外《はず》してもらってほしいんだ」

ボクの声色は先ほどとは打って代わって穏《おだ》やかになっていた。

入口に立っている捜査員たちに係長が顎をしゃくると、入口から捜査員たちの姿が消えた。

「何の話だ」

「オレは、カードは認める」

「当たり前だ」

「しかし、ション便を出す訳にはちょいといかねぇんだ、ぶっちゃけ、微妙なんだ」

「やっぱり、やってたのか?」

「ああ、やってた。でもよう、オレには不細工《ぶさいく》だが、気のいい嫁さんと可愛いガキがいるんだ。だから、これを出すから、ション便と相殺《そうさい》してくれねえか？」

そう言うと、ボクは右手の人指し指と親指を広げてみせた。

係長はボクの指にチラッと視線を走らせると、

「おい、サカハラ……それは何の真似だ。チョキか？　オレはお前とジャンケンやって遊んでいる暇はないんだ。それでなくてもお前には時間を喰っているんだ」

ボクは係長が本当にチョキだと思っていると思い、「係長、これはチョキじゃねえ。拳銃だよ」と言って、開いたチョキの指を係長に向けると、「パン」と声を出して撃つ真似をした。

すると係長は「サカハラ、お前……」と眼光を鋭く光らせ、吊り上がっていた眉毛を一段と吊り上げた。

ボクは針の先に魚がかかったような手応《ごた》えを感じた。

「モノはそこら辺に出回っているトカレフとは違うよ。回転式の三八口径のホンチャンだよ。名前はコンバットマグナムだ。アメリカ製だよ」

するとボクを凝視《ぎょうし》していた係長の目がさらに険《けわ》しくなって、「おい、サカハラ、お前、今、本当にチャカ持っているのか？」と聞いてきた。ボクは最後のとどめを刺すつもりで、その一撃を放った。

「この話、与太《よた》（デタラメ）じゃねえよ。どうしても〝首をつけろ〟と言うなら、その首もつけるけど……。今日中に用意できる」

係長が取引する手応えを感じたボクは、ヤクザ映画の見せ場の、哀愁《あいしゅう》を背負ってスポットライトを浴《あ》びている主役を気取《きど》った。

暴力担当警察官としては、どんな手段を使ってでも、拳銃を押収すれば成績が上がり、早い出世を望むこともできる。さらに、署の予算もぐんと上がるほどの手柄にもなるのである。その威力を発揮する拳銃は、デカたちにとって夢の押収物であり、咽《のど》から手が出るほど欲しい代物なのだ。

ボクが係長の出方を窺っていると、係長の眉毛がピクピクと動いた。

「よし、わかった！　だったらサカハラ、お前の首つきで、ション便と一緒に拳銃も出してもらおうか」

その言葉を聞いた途端、ボクはしがみついていた獄の壁からズリ落ちそうになった。自分の耳が信じられなかった。

「係長……今、何て言った？」

「オレの言ったことがわからなかったのか？　だったらその耳、よーくかっぽじいて、よーく聞いておけよ」

ボクは係長の目を凝視したまま、ゴクリと唾《つば》を飲み込んだ。

「お前の持っている拳銃は、お前のション便と一緒に出してもらう。お前が手こずらせた分だ。わかったか。だから取引はしない！」

この厳然《げんぜん》たる拒絶に、今度は間違いなく完璧に獄の塀の中に落ちていた。係長の言葉にすっかり毒気を抜かれてしまったボクは、呆然としていた。

今までのデカ連中は皆、拳銃を欲しがっていたのに、この係長は違っていたのだ。

その後、係長はバカの一つ覚えのように「拳銃出せ。拳銃出せ」とボクに言い、「サカハラ、お前がそんな危険な物を持っていたら、何をやり出すかわからんから、大人しく拳銃とション便を出せ」と、呪文のように、何回も同じフレーズを繰り返した。

ボクはこの阿呆《あほう》な係長とこれ以上付き合っていても仕方ないと思い、とうとう観念して尿を出す決心をした。

強制採尿の令状を執行されてからでは検事の印象も悪く、否認ということで、接見（警察の留置所や拘置所での面会）禁止をつけられてしまい、そのあとの公判廷においても、心情面で裁判官の印象がすこぶる悪くなってしまう。それに、量刑的にも「任意」と「強制」とでは大きく違ってくるのだ。ボクはそれを避《さ》けることから、これ以上突っ張っても仕方がないと判断した。

「係長、わかったから、令状だけはやめてくれよ」

「おっ、やっと出す気になったか。ずいぶん手こずらせやがったな」

係長の顔に安堵《あんど》の色が浮いた。

ボクの件が一段落しないと帰れないマル暴のデカ連中が待つ捜査の部屋へ、係長が取調室からデカい顔を出すと、「おい、誰かポリ容器持ってきてくれ」と言った。

すると、イガグリ頭のデカが半透明のポリ容器を片手に、機嫌よく、グッドタイミングで現れ、「サカハラ、やっと出す気になってくれたのか。ありがとう」さも嬉しそうな顔をして見せた。やっと帰れる目途《めど》がついたから、ボクにありがとうと言ったのだろう。

ボクのいる取調室の入口に居残っていた他のデカ連中も集まってきた。その顔には皆、やれやれという安堵の色が浮かんでいる。

「サカハラはサムライだな」

イガグリ頭はそう持ち上げてから、「それじゃ、気が変わらないうちに、ションベン、採っちゃおうか」と続けた。

サムライだとおだてておきながら、すぐ、「気が変わらないうちに採ちゃおうか」では、まるっきり人を小馬鹿にしているではないか。ボクをサムライと言うんなら、どうして「武士の一言は金鉄のごとし」という言葉を思い出さなかったのか。ボクは、ヤクザに憧れているイガグリ頭に呆れてしまった。

両手錠をかけられ、腰を青紐《ひも》でくくられて、取調室からトイレへと引っ立てられてゆく。

トイレの中でデカ連中に囲まれたボクは、言われるままに、ポリ容器の中を水道水で洗浄し、その容器を逆さにかざしてポーズを取らされた。

これは、捜査員が被疑者を陥《おとしい》れようとしてシャブを混入して偽装《ぎそう》したり、また被疑者が捜査員たちに偽装されたと言い出して、あとで問題を起こさせたりしないための儀式である。要するに、容器の中には一切の不純物は入っていませ〜んということを証明するためのポーズなのだ。

「はい、そのまま動かないで……」

ポラロイドカメラを構えた捜査員が言い、カシャッというシャッター音とともにストロボが閃光《せんこう》した。

名刺代わりに、たっぷりと

「よし、ション便入れていいぞ」

ポリ容器を抱えたボクは、便器の前で覚せい剤の効《き》きで萎縮《いしゅく》して小さくなっているおちんちんを出そうとした。しかし、どこに潜《もぐ》り込んでしまったのか、一向にその姿が見えない。

焦ったボクは、少しガニ股になると、思いっきり、「この野郎!」とばかりに奥まで指を突っ込んであちこち探《さが》し回った。迷子のおちんちんは亀が甲羅の中に頭を引っ込めたように、陰嚢《のう》の中に埋没していたのである。ボクはおちんちんを無理やり引っ張り出すと、ポリ容器の中にチョロチョロと放尿を始めた。

「サカハラ、ション便は容器の底から一センチくらいでいいぞ」

背後から捜査員の一人が声をかけてきた。

ボクはその声に、へへー、そうはいかねえよ。何でもハイハイということを聞くと思ったら大間違いだぜ。と思いながら、係長の憎《にく》たらしい顔を、この野郎め！　と思い出しながら力《りき》んだ。初めはチョロチョロと出の悪かったション便も、だんだん勢いよく出始め、タプン！　と音がするほど満タンに入れてやった。

手の中で生温かく、ずしりと重くなったポリ容器に蓋《ふた》をすると、背後の捜査員たちに振り向いて、手にしているポリ容器を差し出した。

デカ連中はその容器を見ると唖《あ》然とし、顔を歪《ゆが》めた。

「うわーぁ、サ、カ、ハ、ラ……、お前、こんなにション便入れてどうすんだよ」

捜査員の一人が呆れ果てたような声で嘆《なげ》いた。

「へっ！　何言ってんだよ。出せ出せって言うから、拳銃の分も気持ちよく出してやったんじゃねぇか。だから遠慮することねぇよ」

泣きそうになっているデカ連中にそう言ってやると、

「でもよ、限度ってもんがあるだろうが……」

ボクの腰紐を握っていたイガグリ頭が呆れ声をあげた。

「出してほしかったんでしょ。遠慮することはないよ。まっ、オレの名刺代わりだと、係長によろしく言っといてよ」

そんなイガグリ頭に追い打ちをかけてやる。

ドン！　と音を立てて取調室のテーブルの上に置かれたポリ容器の尿は、黄濁した、よれよれの尿だった。そのあと、ボクは科捜研へ送られるポリ容器の尿についての手続きを取らされた。

まず、尿の入ったポリ容器の蓋に、関係者以外何人も勝手に開封してはならないという封印をさせられ、そこに指印をした。次いで「尿はいりません」という承諾書にサインをさせられた。この手続きが終わると科捜研へ送られていく。そして、シャブの素《もと》であるフェニルメチル・アミノプロパン塩酸塩が尿の中に含《ふく》まれているかどうか調べられるのである。もし、それが検出されて陽性となれば、法廷の除外理由がないのに使用したという証拠になり、検察庁から起訴されてしまうのだ。この間、おおむね一週間。通常のケースではこうなる。

しかし、警察で採尿する段階において、シャブを三度の飯のようにして喰っているジャンキーたちの中には、その手口がどうであれ、警察という虎穴《こけつ》から見事に脱出することもある。

これは女のシャブ常用者であり、新宿界隈《かいわい》の華《はな》やかな夜の街の裏側をテリトリーにしている**プッシャー**（売人）なのだが、このジャンキー、なかなかの女っぷりで、その証拠に、街中を歩いていると、その筋の遊び人たちが「おっ！」と言って立ち止まり、振り返るほどなのだ。肩からは、いつもエルメスのブルーのエヴリンを提《さ》げていて、周《まわ》りからは「姐《ねえ》さん」と呼ばれている。

この女はいつもパンティの中にお茶を入れたビニール袋を忍ばせておいて、万が一、パクられたときでも、尿の代わりにそのお茶を、トイレに同行してきている婦警の目を盗んで、巧みにポリ容器に入れて提出するのだ。女の身体の構造上、それは容易なのだろう。

事実、何回もこの手口で助かったという。あとで、生活安全課の連中がホゾを噛んで悔しがるのである。それにしても、何もそこまでやらなくとも……と思うが、パクられれば数年間は刑務所に入れられ、臭い飯を喰う破目になるのだ。

もう一つは、採尿するとき、デカたちの目を盗んで尿と一緒に煙草の葉などの不純物を混入させることもある。尿からシャブ反応が出ても、尿以外の不純物が入っていれば無効となるのだ。そこで慌てて再採尿しても、一週間が経過しているので、たいていは身体からシャブは抜け切っているのである。

吊り上げた眉毛をピクピクさせながら、係長が取調室の入口に姿を現すと、机の上で鎮座しているポリ容器を見下して、負けずに言った。

「おい、サカハラ、ずいぶん味な真似してくれるな。何が名刺代わりだ。オレをバカにしてんのか、こんなに入れやがって……。お前のこのションベンの色は、起訴してくださいと言っている色だぞ。悪事は見逃さない。わかったら、拳銃も出せ！」

側《そば》にいたイガグリ頭が、仏頂面で椅子に踏ん反り返るボクに向かって、

「サカハラ、これ一本吸って入ろうか」

例のパーラメントの箱を「ポン」と机の上に放り投げてきた。

ボクは係長を睨みつけたまま、パーラメントの箱から一本抜き取り、口に咥えて火をつけた。そして思いきり紫煙を吸い込み、入口に立っている係長へ、腹いせにフーッと吹きかけてやった。

「おっ、この野郎っ！」

係長は気色ばんで、その紫煙を片手で払い除けながら、忌々しいボクの態度に眉毛をピクピクさせた。

パーラメントは意外に旨かった。イガグリ頭は残り少ない貴重な煙草をボクにくれたのだ。留置係の担当官が四課にやって来て、留置場内はそろそろ飯の時間だと告げて去った。

「貴重な煙草、悪かったね」

ボクはイガグリ頭に煙草の礼を言うと、「明日、ラークマイルド、買っておいといてくれよ」と頼んだ。明日は、カード詐欺の件で弁録趣意書《べんろくしゅいしょ》を取られ、身柄を八王子の地検へ送られる手続きを取らされることから、一日中係長と顔を突き合わせていなければならなかった。だから、タバコでもなければ、とてもやっていられなかったのだ。

「おーい！　サカハラ、拳銃出せェー！」

留置場のエリア内に入ると、鉄扉の内側にいる留置人たちの食後の喧騒《けんそう》がボクの耳を襲った。二人の担当がその場でボクの手錠と腰紐を外し始めた。すると、鉄扉の裏側から野太いオネエちゃんの声が聞こえてきた。

「ねぇ、ねぇ、新入りさんが来たんじゃない。ねぇ～担当さーん、いい男なら私の部屋に入れてくださ～い。私、一人じゃ寂《さび》しいわ～ん。お願いしま～す」

その声にボクが驚いていると、苦笑した担当がオカマの科《しな》をつくりながら、「うちの留置場には〝これ〟がいるんだ」と言って、手の甲を頬《ほお》に当てて見せた。

ボクは、これから長くなる留置場生活も飽きないだろうなと思った。

手錠を外され、ガランとした保健室へ連れて行かれると、担当が床にゴザを広げた。

「着ている物、全部脱いで裸になって……」

ボクは言われるままに裸になった。

「はい、こっち向いて。口を開けたら舌を出して……」

担当から言われるまま向き直り、口を開けて舌を出した。担当がその口の中を背伸びをして覗いた。

「よし、次、後ろを向いて前屈《かが》みになり、股を開けてケツを広げて……」

ボクは言われるまま後ろを向き、前屈みになって両手で無様に尻を広げた。

この新入りのときの儀式は何回やっても屈辱《くつじょく》的だった。この「裸検診」は新入りが身体に何か隠匿《いんとく》していないか調べるのである。中には尻の間にシャブや注射器をガムテープで貼り付けているジャンキーもいたりするから驚く。そうかと思えば、女物の下着を何枚も身に着けている変態野郎もいる。担当たちは、何も好き好んで被疑者の裸検診をしているわけではないのだ。

一通りの手続きが終わると、用意されてあった冷えた官弁《かんべん》（夜飯）を、生ぬるい白湯《さゆ》で胃に流し込んだ。そのあと、ボクは居住区に通じる境界線の鉄扉を開けて中に足を踏み入れた。居住区内は入口から左に弧《こ》を描くように、右手中央にある担当台を中心に放射線状に部屋割がしてあった。

ここはドイツ式監房であることから、大小まちまちの造りになっていて、部屋数は入口脇の一房から六房まで並び、六房は少年犯罪の少年房となっている。少年房には衝立《ついたて》が立てられ、成人房の留置人たちが覗いてちょっかいを出さないよう、配慮がしてあった。大人の毒牙《どくが》にかからないようにとのことなのだろう。

ボクが入ってきたので、留置人たちは好奇な目で鉄格子の周りにまとわりつき、ジロジロとボクを見ていた。食後であっただけに、皆、どこの部屋の房も活気づき、ざわめいていた。ボクは一房と書かれた部屋の鉄格子の間から大きな顔を押しつけているヒラメ顔の留置人と間近で遭遇《そうぐう》した。
「こらっ、また、いい男だと思って見ているな。変なこと言うんじゃないぞ」
ニヤつきながら、担当が一房の住人に言った。すると男は、扁平《へんぺい》な顔にくっついている
ヒラメのような小さな目をパチパチさせながら、担当を見上げた。
「あら、担当さん、焼きもち焼いているの？　でも、いい男じゃな～い。担当さんが入
ってくるって言っていたから、私、もっと中年のクソジジイを想像していたわ。でもこの
方、可愛そう、こんなところに来ちゃって……。担当さん、私、独りじゃ淋《さみ》しくて死にそ
うだわ。だからこの方、私のお部屋に入れてくださらない。私の燃えるこの腕で抱き抱き
して慰《なぐさ》めてあげたいのぉ～」
担当はニヤニヤしながら、ボクは半ば呆れた顔で、滔々《とうとう》と喋《しゃべ》るヒラメ男の顔を眺めていた。
「きゃー、私、はしたないことを言ってしまったわぁ～、恥ずかしいわ～、顔から火が
出るじゃな～い」
ヒラメ男が急に両手で顔を覆《おお》い、さも恥ずかしそうに後ろを向いてしまった。
途端に他の部屋からドッと笑い声が巻き起こる。ヒラメ男はオカマにしては規格外の顔
で、よくもまあオカマになったなというくらい、桁《けた》外れに不細工な顔である。
「マサコの部屋には入れないの。危険だから」
担当が男にからかうようにして言った。男は「マサコ」という名前だった。

「あら、嫌だぁ、危険だなんて。こんなに可愛い乙女なのにぃ……」

そのマサコが口を尖らせる。

「あー、可愛い乙女のところには、いい男は入れないの」

担当官にそう言われ、マサコは途端に相好《そうごう》を崩した。

「あら、担当さん、可愛い乙女だなんて、嬉しいこと言ってくれるじゃない。だったら赦してあげるわん」

マサコは危険視されていたことから、野郎ばかりいる雑居部屋には入れなかった。入れれば部屋の男たちのチンコを皆口に入れてしゃぶってしまうのは自明だったからだ。そのため、新入りが来ると、自分の好みの男を見つけては、本気ともつかないジョークを飛ばして楽しんでいたのである。

このマサコの罪名は暴力行為と窃盗だった。事件の発端はこうだ。

保谷駅の側のコンビニで、マサコが万引きしているところを女子高校生たちに見られてしまい、通報されてしまった。

それに腹を立てたマサコが、「あんたたち、何、余計なこと言ってんのよ」と女子高校生二人に暴力を振るい、駆けつけてきた警官によってパクられたのである。その後の調べで検事から犯行に及んだ動機を聞かれたマサコは、もっともらしく真面目な顔をして、

「私、生理中でイライラしていたの。だからつい手が出ちゃって……。検事さん、赦し

てくださーい。反省してまーす」などとふざけたことを言ったことから検事の怒りを買ってしまい、起訴されてしまったのだ。

担当がけたたましい音を立てて四房の扉の鍵を外し、房扉を開けた。ボクは白いペンキで五番と書かれたスリッパを脱ぐと、房扉の前に揃えた。

「先ほど、土野さんという人から洗面用具一式、差し入れがあったみたいだから、あとで入れておくから」と担当が耳元でささやいた。

どうやら、四課から連絡が行ったため、弟分の尚が差し入れに来たようだ。

再びけたたましい音を立てて房扉が閉められると、部屋には四人の先客がいた。

結局ボクは、カード詐欺とシャブ取締り法の二本立てで起訴と相なってしまった。御上から判決をいただき、移管になるまでの二カ月間の留置場生活では、朝飯の改善（毎朝、ホイップクリームとあんこの乗ったコッペパン二本だったことから、うんざりしていた）を叫び、要望書を書きまくったものである。

そして、係長相手に「夜もタバコを吸わせろ！」と言って、留置場の厄介《やっかい》人どもを煽動し、「タバコ吸わせろ！　タバコ吸わせろ！　タバコ吸わせろ！」とシュプレヒコールを叫んだりして、毎日の無聊《ぶりょう》を慰めていた。

ある日、それが現実となった。それは、係長が不用意に発した言葉の言質を、ボクが取り、吉祥寺のある組織の人間と二人で、就寝後に吸わせるようにしてしまったのだ。

ボクが移管になるまで続いたそのタバコの味は、また格別だった。留置場にいたまま執行猶予で出ていったマサコは、留置場の中で好きになった窃盗犯の若い男に熱を上げてしまい、健気《けなげ》にも差し入れに来ていた。

事件になった盗難カードは、所沢の駅前で拾った物として処理された。給油で使った分はすべて弁済した。その結果、二年二カ月の実刑となった。

八王子拘置所（通称「八拘《はちこう》」）へ移管になる日、ボクは三階の外階段から、見るからにガラの悪そうなマル暴の面々に見送られた。相変わらず誰も垢《あか》抜けていなかった。パイナップル柄のド派手な開襟シャツを着たイガグリ頭が踊り場から見下ろして、

「おーい！　サカハラ、元気でやれよーォ！　身体に気をつけてなーァ！」と叫んで手を振ってくれていた。周りのデカたちもそれに釣られて別れの短い言葉をかけてくれる。

しかし、その中で一人だけ違ったことを言った奴がいた。係長だ。別れぎわになっても、まだ、「おーい！　サカハラ、拳銃出せェー！　出て来たら、オレのところへ持ってこーい！」と叫んだのである。

ボクはそんな欲張り係長に呆れつつも、心の中で世話になった礼をつぶやき、また一歩前進だなと、護送バスに乗り込んだのだった。

［第二章］

凶悪で愉快な塀の中の住人たち

刑務所ミシュラン「三ツ星」激辛カレー【帯広】

すべては、諦めから始まる

判決を終え、控訴期限の三日前までT警察の留置場に座っていたボクは、護送バスで八王子の街中を流れる浅川を渡り、新しい住居となる八王子拘置所へ移ってきた。

拘置所は留置場と違ってタバコを吸うことはできないが、その分、自由があった。しかし、三日後が控訴期限いっぱいになるボクは、刑が自然確定すれば、八拘にはおおよそ一週間くらいしか滞在することができないから、そんな自由はないに等しかった。

八拘に移監した当日、ボクは弟分たちから差し入れられた「甘味類」に子どものように目を輝かせ、心を浮き立たせていた。だが、ウキウキばかりしている暇はない。三日の猶予しかないと思うと、味わう余裕もなく、ひたすら呑《の》み込む。

自然確定すれば、二日で刑の執行を告げる式書が裁判所から届く。刑の執行の言い渡しを受けると、その瞬間から懲役囚となり、甘味類を食べることができなくなってしまう。たとえ部屋にどんなにたくさんの差し入れや購入した食べ物が残っていても、すべて廃棄となってしまうのだ。

嬉しかったのは嗜好《しこう》品のブラックコーヒーを何杯も飲めたことだ。だから、ボクの六〇兆の細胞に染みこんだ苦みは、まるでフラッシュバックを起こしたかのように覚せいして、それからのボクを五日間、天井に浮き出た染みとにらめっこさせて、眠らせてくれなかった。おかげで天井の染みが女の裸に見えたりしていたボクは、ときおり「ヒヒヒ」と不気味に笑ったりして、まるで覚せい剤中毒患者のようにでき上がっていた。

時間の経過とともに、ボクの心は逮捕時のショックから立ち直っていた。人間の心は巧くできているようである。嫌なことがあると、それを回避し克服しようとする心のメカニズムが自然と働くようになっているのだ。

八拘に移ってからのボクは、医務課から眠剤《みんざい》（睡眠薬）をもらわなくて済むようになっていた。これからまた、**アカ落ち**（獄に落ちてシャバのアカを落とすこと。ムショに入ること）していくのに必要としない眠剤なんか、飲んで呆けていられなかった。

本当は残された家族こそ悲嘆に暮れているのに、ボクだけ現実逃避を図って眠剤に頼るのは卑怯《ひきょう》であり、そんなものに頼るべきではなかったのだ。それだけパクられたときのショックが大きかったともいえる。

八拘での一週間は慌《あわただ》しく過ぎていった。この間、奥さんと友人の悦子と弟分たちが、それぞれ面会に来てくれ、

「ジンさん、**府中刑務所**に移ったらまた面会に行くね」

「アニキ、淋しくなりますね。元気で身体に気をつけて行ってきてください」

などと別れを惜しんでくれた。

懲役へ行く者はすべてが「諦め」から始まる。またそれが、未来へ向かっての始まりの

第一歩ともなるのである。

それから何日かして、ボクは府中刑務所へ移監された。このとき、昔、ボクが世話になった府中刑務所の当時のクリーニング工場のオヤジ（担当の刑務官）の白田がたまたま八拘にいて、その日は護送バス担当の責任者として、ボクを府中刑務所まで送ってくれた。

若かりし頃のボクが玩具をつくる、通称「オバケ工場」と呼ばれる東部六工場で就役していたとき、ある組織の懲役とつまらないことで言い争いになって、その懲役をブッ飛ばしてしまったことがあった。そのあと、懲罰が明けて出役していった先のクリーニング工場のボスをしていたのが、この白田だった。

出役していったクリーニング工場の担当台の前で、私物袋を小脇に緊張して「気をつけ！」の姿勢で立っていると、縮《ちぢ》れた髪の毛が帽子からはみ出した色黒の白田が担当台からでかい身体を揺らし、大きな目をギラつかせながら、工場を見渡すように階段の下まで下りて来ると言った。

「サカハラ、前に来い」

「ハイ」

ボクは返事をして身体を一歩横にずらし、階段のところで腹を突き出して立つ担当部長の前に立って顔を見上げた。

かつて、当時の阪急ブレーブスにいたブーマーが看守服を着ているような担当部長は、そんなボクの思いをよそに、ボクの身分帳（細長い短冊のような大きさの紙に顔写真が貼ってあり、その下側に大まかな個人情報が記されている。現役のヤクザなら、「〇〇会××一家」などと書かれている）を眺めながら、「サカハラ、お前、××一家だな。よぉーし、面倒見てやるから、しっかり甘えて行け！　俺は〇〇会以外の人間はでぇっ嫌れぇだし、面倒見ねぇ主義なんだ！」と、工場中に聞こえるかのようなバカでかい声で吼えた。

あとで聞くところによると、ある組織の不良たちにわざと聞こえよがしに言っていたということがわかった。声もでかいが、身体も態度もでかい面倒見のいい担当部長だった。

この工場には都内二三区のひとつ、中野区一帯を縄張りとする、ある組織の素晴らしい兄ィがいた。その兄ィは、堅気を大切にし、率先して人の何倍も働き、男らしく務める、真の侠道《きょうどう》精神を持つ男だった。

見ていて惚《ほ》れ惚れするその兄ィが背負ってきていた事件は、心酔する親分の厄《やく》マチ（悪口）を某組織の人間に〝切られた〟ことが発端で、その相手をうちの親分の悪口を言いやがって。殺らなければ面子《メンツ》が立たないと思い、至近距離から相手を撃ったのだ。

その相手は一命を取り留めて車椅子の生活になったが、裁判で「自分にも非《ひ》がある」と言って謝《あやま》ったことで、同じ殺人未遂罪でもいくらか刑期が軽くなって、懲役八年の判決となった。

そんな立派な兄ィのいる工場だから、○○会のサムライたちがその兄ィのもとにまとまって、誰もが一生懸命働いていた。そんなこともあって、○○会は担当の信頼を得ており、担当も面倒の見がいがあったのだった。

その一方で、嫌われていた某組織の親分は、お日様の当たるところで適当に楽をしていたから担当には嫌われ、その周りに集まる小数の不良たちは冷や飯を喰らっていた。

ボクがこの工場に来たときに担当が咆えたのは、このような理由があったからだった。

この当時の府中刑務所は、ヤクザヤクザした不良や、その気持ちをわかってくれるトッポイ担当看守もいて、昭和の最後の不良たちにとっては、天国といってもいいところだった。

その白田のオヤジが、到着した府中刑務所の「領置《りょうち》調べ室」で荷物を抱えて立っているボクに背後から近づいてくると、

「サカハラ、身体大事にな」

一言寂しげに呟いてその場から去って行った。

領置調べ室には一緒に移送になって来た六人のアカ落ち組がいた。そこで領置調べが終わると、ボクはできたばかりの東五舎二階の独居に入れられた（この当時、府中刑務所はまだ建造中だった）。

三日ほどして、分類面接官から呼び出されたボクは、事件に至った経緯や家族構成を訊かれ、さらに、初体験はいつで、女は何人知っているか、タバコや酒はどのくらい飲むの

かなど、いろいろ訊かれ、最後に「どこの刑務所へ行きたいか」と訊かれた。

初めは府中刑務所を希望したが、府中刑務所には、兄貴殺しに関与した人間たちが務めていたことから、その願いは叶わなかった。そのあと、面接官が何カ所かパソコンで調べた結果、近場にあるどの施設にもそのときの関係者がいることが判明した。仕方ないので「北海道はいいですよ」という経理夫たちの話から、迷わず、北海道行きを希望した。

移送になるまでの二カ月間、サウナ風呂にでも入っているような、うだる暑さの独居房で、ボクは来る日も来る日も蝉《せみ》たちの声を聞きながら、袋の糊《のり》づけ作業をやっていた。袋は和菓子屋やブティックなどの物が多く、たまに有名デパートの袋などもあった。

そんなことから、糊づけの腕前はみるみるうちに上達し、ボクの右に出る者はいなかった。たぶん……。

決して自慢するわけではないが、ボクはどの刑務所に行っても、仕事で他の懲役に負けることはなかった。ガムシャラに仕事をすることで嫌なことを忘れ、一日の時間の短縮を図るようにしていたから、自然にそうなっ

ていくのだ。

禅ではこれを「平常心」というそうだ。そして、この身がどんな境遇に置かれても、ボクはその置かれた環境を楽しむ精神でいた。嫌なことを嫌だと感じて生きるよりも、どうせ生きるなら、自分の心のあり方を少し変えて楽しく生きるようにした方が、よほど楽しく生きられると思うのだ。

そんなあるとき、ボクは経理夫に訊いてみた。

「どうだい、最近、オレの腕前上がったろ。数も出すし、仕上げもなかなかだろ。まあ、オレの右に出る奴はいないんじゃないの」

そう言って得意顔をしているボクに、経理夫はちょっと首を傾げてから微笑むと、

「そうですね、サカハラさん、確かにトップですね」

それもそのはず、あとでわかったことだが、袋の糊づけ作業は、ボク以外、誰もやっていなかったのだ。

老囚の願い――国営の天国と地獄

ある晩の夕食のあと、ボクは塀の外から聞こえてくる子どもたちの戯《たわむ》れる声と一緒に、ヒュー、ヒュルルー　パッパーン！　と、勢いよく炸裂《さくれつ》する花火の音を聞きながら涼《りょう》をとっていた。すると、灯りを落とした部屋の前の昏《くら》い廊下から、夜勤の若い担当と老囚の話

し声が聞こえてきた。

聞くともなく聞いていると、どうも老囚は明日、満期で出所するようである。

あっ、あの爺ちゃんか……と思っていると、

「爺ちゃん、明日、いよいよ〝引っ込み（出所）〟だなァ。もうこんなところに入ってきちゃ駄目だよ」

若い担当が言った。すると老囚は、「若けェの、そんなこと言うなよ。わしをここへ置いといてくれよ。出ても行くところねェんだからよ。なァー、頼むよ、いいだろう」

そんな老囚の哀切《あいせつ》な願いに、「爺ちゃん、何言ってんだよ。こんなところにいるより社会で暮らした方がよっぽどいいんだぞ。ここは人の暮らすようなところと違うんだからさ」

と言う担当の言葉に、老囚は語気を荒くするようにして言った。

「けぇっ！　わしらの気持ちなんか、ちっともわかってねえくせに。なぁー、若けぇのいいだろう。頼むよォ」

すると若い担当は、なおも諭《さと》すようにして言った。

「爺ちゃん、人は人らしく社会にいる方がいいんだぞ。こんなところにいちゃあ駄目だし、こんなところに来ちゃ駄目なんだよ。誰でもいいから身寄りを頼って行きなよ」

「身寄りなんて誰もいねぇよ。わしはもう独《ひと》りぽっちだ。出たってまたどうせすぐに戻ってくるんだ。金もねぇし、誰もこんな老いぼれなんか気にしちゃぁくれねぇよ。わかる

だろう若けぇの。だから、ここに置いてくれよ、頼むよォ」

老囚が哀《かな》しそうに訴える。

こんな何とも切ない会話がボクの耳に聞こえてきた。聞いていて、ボクは身につまされる思いにかられた。

翌朝、ボクは蝉の声とともに、いつものように鳥のさえずりの軽快なリズムに起こされた。布団は折り目がつくようにビシッと畳み、枕もまるで長方形の箱が置いてあるかのように角をつくって整頓した。

そして一日の始まりの儀式である点呼を終え、朝食もすんだ頃、昨夜の老囚の部屋の扉の鍵穴にガチャガチャと鍵が差し込まれる音が聞こえ、扉の開く音が続いた。

「爺ちゃん、用意できたか。忘れ物のないようにな」

老囚に担当が言った。

扉が閉まると、老囚は孫ほども歳が離れている若い担当に連れられ、足を引き摺《ず》るようにしてボクの部屋の前を通り過ぎていった。ボクは部屋の鉄格子の窓に顔を押しつけて覗いてみた。そのときボクの耳に聞こえてきたのは、

「若けぇの、またすぐに戻って来るからよ。そのときはまたよろしく頼むよ。なッ、いいだろう、若けぇの」

若い担当に縋《すが》るように話す老囚の声だった。

廊下を去っていく老囚の痩《や》せた後ろ姿は、見ていて何とも哀れだった。普通であれば、出所は希望と喜びに満ち溢《あふ》れるものである。しかし、この老囚にしてみれば、そんな出所も安住の地を冷淡に追い出され、路頭に迷うものでしかなく、決して喜びとはいえないのである。一歩獄の外に出れば、自分で日々の糧《かて》をしのいでいかなければならないのだ。

ところが、刑務所にいればそんな心配もなく、三度の食事が供与され、身体の調子が悪いといえば医務課へ連れて行かれ、何くれとなく担当たちも気を遣《つか》ってくれる。寂しさから解放されるのだ。酒、タバコさえ平気なら、天涯孤独となった老囚たちにとって、塀の中は〝天国〟なのかもしれない。

刑務所の人と人とが織りなす複雑な人間模様。ここからも社会のあり方の一端を窺い知ることができる。しかし、この養老院は皮肉なことに、法律を犯さなければ入って来れない「国営の天国と地獄」なのである。

移送先は「さ、む、い、と、こ」

夏のくそ暑い太陽がギラギラと容赦《ようしゃ》なく照りつける府中刑務所の独居房で、ボクは壁に寄りかかって、忙《せわ》しなく鳴き立てる蝉たちの声を聞いていた。噴き出す汗が幾筋ものラインを描いて滝のように身体を伝い、ぼろ布と化した穴だらけのランニングシャツに容赦なく染み込んでいく。そんな光景を、ボクは悶々《もんもん》として見つめていた。

八王子拘置所から移送されて二カ月が経過していた。

独居房の扉の下側につくられた食器口から、いつもの経理夫の見慣れた顔が現れた。そしてボクの顔を見るとニッコリ微笑んで、声を潜《ひそ》めるようにして言った。

「新聞です」

「サカハラさん、三日後、やっと移送になりますよ。場所は帯広刑務所です。帯広は行状は楽だし、エサ（食事）も最高ですよ。頑張ってください」

この経理夫は普段から何くれとなくボクに気を遣ってくれていた。そのお陰で、回覧の新聞なども、他の者たちよりも余計に長く見ることができた。

経理夫は受刑者たちの仕事上の管理や身の回りのこまごましたことを、担当の片腕となって行っていることから、移送関係の情報もすぐに入ってくる。だから事前に知ることができるのだ。

ボクは二カ月間ものモノトーンな生活がやっと報われると思い、欣喜《きんき》した。

太陽が西へ大きく傾《かたむ》いて夕焼け空をつくり出す頃、「材料出しー！」の声が独居房の廊下に響き渡る。この「材料出し」というのは、一日の仕事が終わるに当たって、各房に入れている材料を段ボールの箱の中に入れて房前の廊下に運び出すことをいい、同時に房内の清掃の合図にもなっている。

この合図からしばらくすると、担当がガチャガチャと金属音を立てて鍵を差し込む音、ガラガラと房扉を開ける音が一定のリズムを伴って廊下に響き渡る。

担当がボクの部屋の前に来て、鍵穴に鍵を差し込み、扉を開いた。そして担当の「ご苦労さん」という声とともに、段ボールの箱が廊下に運び出された。

いつもならそのまま行ってしまう担当が、部屋の中を覗き込むと「サカハラ、明後日移送になるから、明日は領置調べだ。ご苦労さん」と言って、扉に何かをペタンと貼りつけた。移送が確定した者には「移送予定」と書かれた磁石のついたプレートが貼りつけられるのだ。そして移送までに、入所のときに自分の私物を記録した刑務所側の帳簿と照らし合わせ、何一つ忘れ物のないように確認をとって、移送の準備をするのだ。

材料出しが終わった担当が、手に持った鍵の束《たば》をジャラジャラと音を立てて回しながら、ボクの部屋の前を通った。

「担当さん、自分の移送先はどこですか?」

ボクは担当を呼び止めて訊いてみた。すでに経理夫から聞いて移送先を知っていたのだが、わざと知らないふりをして訊いてみたのだ。すると担当はニッと笑うと、「さ、む、い、と、こ」とだけ言った。

本来は移送待ちの受刑者に移送先の情報を教えてはいけないという規則があるので、担当たちはそれ以上は喋れないのだが、二カ月間も一緒にいて多少情が通っていたことから、特別にサービスのつもりで、微妙な線で教えてくれたのだろう。「さ、む、い、と、こ」

とだけ。これはまさに、「北」を差しているのだ。

寒さの厳しい刑務所は暖房設備が整っているので、冬は受刑者にとって天国だ。それに夏は涼《すず》しい。食事も他の施設と比べると、かなりハイカラな物が出ているといえる。担当たちの質も意外にいいようだ。

移送待ちで拘置所の独居房にいる受刑者たちは皆、自分がどこの施設へ送られるのか、毎日気を揉《も》んでいて、旅慣れしている経理夫や立ち役、掃除夫たち（再犯囚が収監されるB級刑務所で、この三つの役に就《つ》いている者たちはだいたい旅慣れている）から、全国の刑務所の居心地のよさなどの情報を収集するのに腐心《ふしん》する。

事前に情報をキャッチして、そこがもし、気に喰わない施設だったら、密《ひそ》かに「移送拒否」を企《くわだ》てることもできるからである。

そういうわけだから、担当は移送の決定した受刑者に、決して事前に移送先を教えたりしない。移送先を不服として、移送されないようにわざと懲罰にかかったり、仮病を装《よそお》ったりして、移送を免《まぬか》れようと企てる輩が現れるからである。

領置調べが終わった翌日、ボクたち三人組（保安上、飛行機での移送は大体三人と決まっている）は早朝の領置室にいた。久しぶりに身につける服には、強烈な樟脳《しょうのう》の臭いとカビの臭いとがブレンドされて鼻を突いてきた。ボクの服装は、カステルバジャックのサマーセーターにブルージーンズ。

服を身につけると、ボクたち三人組は手錠をかけられ、大きなスチールテーブルの前に横一列に並ばされた。そこには、偉そうにしている幹部職員の担当たちが面子を揃《そろ》えて、眠そうな顔をして立っていた。

「気をつけ！」

ボクたちの脇に立っている若い駆け出しの担当がボクたちに向かって、おもむろに気合いの入った号令をかけた。

その号令に素早く反応し、ボクたちが気をつけの姿勢をとると、

「課長に対し、礼！」

次の号令が飛ぶ。

直立不動で立っているボクたちは、そのまま身体を四五度に曲げてお辞儀をし、一呼吸のあと、「直れ」の号令がかかると、まるでバネ仕掛けの人形のように、ピョンと上体を起こす。

すると、夜勤明けで眠たそうなツラの課長が、手にしている身分帳を開いて目を通すと、身体をグイッと反らし、虚勢を張るかのようにして、

「お前たちをこれから帯広刑務所へ移送する。道中、担当さんたちの言うことを聞いて迷惑をかけるな。もし、何かやれば、向こうで取り調べにするぞ。いいな、わかったか！」

恫喝《どうかつ》するように叫んだ。

ボクは分類面接のときに希望していた、高い人気の帯広刑務所へ送られる嬉しさから、

心の中で歓喜の声をあげ、小さくガッツポーズをした。「はい！」という返事も、相棒たちよりひときわ大きかった。

このように刑務所側は、移送先の正式な告知は受刑者をいつでも強引に引っ張って行ける状態にしてから行うのである。


とはいえ、過去にはこんな根性のある奴もいた。

その受刑者の生活の基盤は都内にあったことから、当然、愛する家族も都内で生活していた。しかし、その受刑者が言い渡された移送先は、東京から遥か遠く離れた九州は**福岡刑務所**。すると、言い渡しを受けるや、途端に狂ったように、

「冗談じゃねぇ！　俺は行かねぇ！　九州じゃや、女房や子どもに会えねぇだろうが！だから絶対に行かねぇ！」と叫び、担当の止めるのも聞かずに暴れ回った挙句《あげく》、領置室の柱にしがみついて、頑《がん》として九州行きを拒《こば》み続けたのである。

職員たちは必死な形相《ぎょうそう》で柱にしがみつくその受刑者の手の指を剥《は》がそうとしたり、足を引っ張ったりしたが、家族との切れかかる絆《きずな》を必死に繋《つな》ぎ止めて護《まも》ろうとするその受刑者の手と足は、容易に剥がれない。

結局、担当たちはフライトの時間が迫っていたことから、その受刑者一人を残して出発せざるを得なかった。

後日、その受刑者は干《ほ》された挙句、取り調べられて懲罰となったが、ほどなく東京からさほど遠くない**甲府刑務所**へめでたく送られていった。

その受刑者は移送当日、移送確定房の視察孔《こう》から覗いているボクに気づくと、勝ち誇ったような顔で片目をつぶり、手錠のはまった手を振って去っていった。

塀の中では、移送一つ取ってみても、家族との絆を必死に護ろうとする、悲しくも切ない受刑者たちの、壮絶な闘いのドラマが起きているのだ。

罪深きスッチーのお尻

ボクたちは、担当職員を含む六人で、すでにハイテク化（護送指揮官が指紋認証機にサッと手翳《かざ》しをするだけで、開けゴマ式に巨大なガラス扉が開く）した府中刑務所の堂々たる正面玄関から護送バスに乗り、一路、羽田空港へと向かった。

午前七時三〇分、バスは羽田空港に着いた。駐車場には同じような護送バスが離れたところに二台停《と》まっていた。**千葉刑務所**と**東京拘置所**からの護送バスだった。

一時間後、ボクたちは空港内の誘導車の案内で入港し、午前九時羽田発帯広行きの飛行機の後部から乗り込もうとしていた。

その昔、罪人を護送するのは、竹でできた円筒形の唐丸籠《とうまるかご》であった。だが、そんな時代から一五〇年。時代の変遷とともに罪人の護送手段も変わり、今や飛行機や新幹線の時代となった。ボクはそんな時代の移り変わりに、「昔はおにぎり、今はカンパン」という古いコマーシャルを思い出しながら、「昔は唐丸籠、今は飛行機、新幹線」などと思った。

そんな時代の流れに感慨を抱きながら、ボクはタラップを上がる。

数時間前まで、ボクたち受刑者は、何カ月もの間、檻の中で禁欲的な生活を強いられてきたから、機内へ乗り込んだあと、ボクはスッチーたちのちょっとした動作がつくり出すボディラインに欲情を駆り立てられ、クラクラと眩暈《めまい》を起こした。もう少しで、理性を失いそうにまでなっていたのである。

タラップを上がって機内へ乗り込むと、その入口にグラマラスな身体の上に可憐《かれん》な花のような可愛い顔を乗せたスッチーが口元に微笑《ほほえ》みを湛《たた》えて「おはようございます」と言って、ボクたちを出迎えてくれた。そのスッチーの可愛い顔と肉感を刺激する強烈なエロい肢《し》体に、気の小さいボクの心臓はドッキン、ドッキンと高鳴った。

すかさず後ろを振り返って、仲間の様子を窺ってみると、相棒たちもすっかりスッチーの身体にのぼせ上がっていて、今にも襲いかかりそうな顔で、その肢体に見入っていた。その姿は、まるでエサを前にしてヨダレを垂らす動物園の動物である。

そんなボクたちの気持ちを知ってか知らずか、スッチーの一人が微笑を浮かべた。

「こちらへどうぞ」

怪しげなボクたち一行を手招きしながら、先頭に立って狭い通路を歩き始める。

ボクは、スッチーの今にも弾《はじ》けそうなパンティラインの浮き出たお尻を見たかった。しかし、ボクの手錠に繋がっている青い紐を握った担当の身体がボクとスッチーの間を邪魔しているので、その後ろ姿を見ようにも見ることはできなかった。

ボクは担当に向かって、お前の頭が邪魔で「よく見えないぞ！　もっと端へ寄れ！　この野郎！」と叫びたい気持ちを抑《おさ》えながらも、前を歩く担当の頭を蹴飛ばしてやりたい思いに駆られた。

それでもボクは、スッチーの後ろ姿を見ようと、必死に首を伸ばした。そして担当の頭が揺れるとできるわずかな間隙《かんげき》を縫《ぬ》って、ボクを挑発するかのように右に左にプリプリ揺れているお尻に見入った。

ボクは思った。ボクの前に担当がいなければ、きっと理性の糸がプツンと切れて、スッチーを襲っていたかもしれない……と。それほど、ボクの身体は女に飢えていたのである。

案内されて座席に着くと、荷物を収納ボックスへ放り込み、座席シートへ身を沈めた。さっそく、あたかも沼地の中から目だけを覗かせて辺りの様子を窺うワニのごとく、件《くだん》のスッチーを探して辺りの様子をじっと窺ってみる。

少しすると、夏のカラフルな洋服を着た搭乗客が乗り込んできた。ボクは物珍しげにその光景を見ていたが、強烈な女体への渇望はどうしても抑えることができず、胸の大きな女や、腰がくびれ、お尻がパンと張ったエロっぽい女だけに目がいってしまう。

そうこうするうちに、ボクたちとは反対側の通路席で、栗毛色の髪をカールにし、腰がくびれてお尻の張り具合がボク好みの女の、収納ボックスに荷物を入れようとしている後ろ姿が目に止まった。

おっ！　なかなかいい女だな……。

そう思いながら、ボクはこちら側に振り向いてくれることを期待していた。

すると、神にその願いが通じたのか、収納ボックスの蓋を閉めた女が何気なくこちら側へ振り向いた。その瞬間、ボクは神に裏切られ、クソ溜めの中に頭から突き落とされたような思いになった。そして「天は二物を与えず」という金言を思い出し、思わず神のあまりにもひどいその所業を呪ったのである。理由は、あらためて書かなくてもおわかりいただけるであろう。

機は、やがて離陸。眼下に羽田沖の小さくなった光景を斜めに旋回《せんかい》すると、北に向かった。ボクは愛する東京、そして、愛する東村山に「グッドバイ！」と、独りセンチメンタルにつぶやき、別れを告げた。


安定飛行に入り、安全ベルト解除のアナウンスが流れた。護送任務の担当の指揮官から、「これから君たちを片手錠にするので、着くまで大人しくしていろ。いいな、わかったか」と囁《ささや》くような声で告げられ、ボクたちの手はすこしだけ自由になった。

普段、刑務官が塀の中のボクたちを呼ぶときは、決まって横柄な態度で、「お前」と呼ぶのに、このときばかりは「お前たち」から「君たち」に格上げされていた。いくら受刑者であっても、公の場で「お前」と呼ぶのは、さすがに体裁《ていさい》が悪いのだろう。

道中買ってきたというお菓子を、ボクたちはプチ旅行気分の担当たちから、「課長が君たちのために買ってくれた物だからありがたくもらえ」と、値打をつけられて供与された。どうせ経費で買った物であることはわかっている。ボクは内心、この野郎！　と思いながらも、菓子袋を開けて中を覗き込んだ。そこにはキャラメルコーンが山吹色に光っていた。

スッチーたちは客の間を飛び交うようにして、忙しく動き回っていた。ボクが目をつけたスッチーは、ボクたちを出迎えてくれたスッチーだ。可憐な顔とは不釣り合いな、強烈なボディ。だが逆に、そこが男どもの視線を釘づけにしてしまうほど、ゾクッとさせるエロチックさを醸《かも》し出していた。目当てのスッチーは反対側の通路で乗客の対応に追われていた。しばらくすると、台車を曳《ひ》いたスッチーから機内食が配られた。ボクはそのスッチーたちの身体にも何気ない振りをして目を這《は》わせる。

機内食を食べ終わると、ボクは相棒たちのことが気になり、後ろの様子を窺ってみた。早々と食事を終えていた相棒たちは、二人仲良く顔を揃え、少し首をもたげた格好で目を皿のようにして、反対側の通路にその視線をロックオンさせている。

ボクは相棒たちの尋常でない視線が気になり、その視線の先を目で追ってみた。するとそこには、何とボクが目をつけていた件のスッチーが前屈みの姿勢で、豊満なエロいお尻にパンティラインを食い込ませ、乗客に対応している姿があった。

相棒たちはすでに理性がどこかに吹き飛んでしまったのか、スッチーのそのお尻に視線をグサリと突き刺していた。ボクは思わず、「この野郎！　オレのスッチーに何すんだ！　オレの女のケツを見てんじゃねぇよ、この野郎！」と、自分のことは棚《たな》に上げ、心の中で叫んだ。

そして、まるで自分の女が相棒たちに犯されでもしたかのようにへこんでしまい、憂鬱《ゆううつ》な気分になった。

つまりボクは、何とも救いようのないほどオメデタイ人間だったのである。しかし、この罪深きスッチーのお尻は、ボクたちにとってあまりにも刺激的で、このお尻のためなら平気で人殺しもできるのではと思わせるほど、魅惑的なお尻だった。

件のスッチーは、用事を終えると、反対側の通路から、客たちに気を配りながらだんだんボクたちの座席の方へ近づいて来た。

ボクは罪深きスッチーのお尻を間近で観察できる喜びに胸をワクワクさせた。何たってボクたちは数時間前まで、女なんて代物は夢で見るか記憶から引っ張り出してエッチな場面を想像するか、週刊誌で見ることぐらいしかできない世界にいたのだ。だからボクの目は超エロモードのスケベな顕微鏡になっていた。

隣では、そんなボクの精神状態など露《つゆ》ほども知らない担当が、静かに週刊誌を広げていた。件のスッチーがいよいよ相棒たちの座席へ来て、微笑みながら、「何か御用はありませんか？」と担当に声をかけた。すると、相棒の二人は手錠をはめた手を揃えたまま、バカ面を晒《さら》して、「異常ありません！」と、担当の代わりに答えてしまったのである。

何が異常ありません、だ。異常あるのはお前たちの方だろうと、ボクは自転車ドロボーと下着ドロボーのドラッグ患者の相棒たちに呆れ返った。

相棒たちの隣に座っている担当から、「お前たちは余計なことは言うな」と注意を受けた。ボクはおかしくて、腸が捻《ね》じれそうだった。

そんな相棒たちの座席から、スッチーがボクの座席のところへやって来て、まるで天使が微笑むかのように、「何か御用はありませんか？」と、声をかけてきた。

目の前に現れたスッチーの美しくグラマラスな姿態《したい》を目にした途端、ボクは情けなくも魂を抜かれてしまった。ポカンと口を開けた

まま、スッチーに見惚れているボクは、相棒たち同様、間抜け面を晒していたのである。

スッチーの声に、週刊誌から顔を上げた担当は少し気取った顔で、「大丈夫です」と言ったが、ボクには、その態度はスッチーを意識しているかのように見えた。

スッチーは、口元に微笑を湛えたまま、パンティラインを浮き立たせたエロチカなお尻をわざと担当の鼻面でプリッと揺らすようにしてから、次の座席へ移っていく。

そんなスッチーの右に左に揺れ動くお尻に、ボクの目も右に左に揺れる。興奮の極みに達していて息苦しかった。そして今にも鼻血が噴き出しそうになってもいる。

ボクの理性の糸は切れかかってはいたが、どうにかギリギリのところで突き上がる衝動を抑えていた。気がつくと、隣で静かに週刊誌に目を落としていたはずの担当も、いつの間にか身体が通路側に倒れ、週刊誌の隙間からプリプリのスッチーのお尻に喰らいついていた。後ろを振り返ると、相棒の二人も、目を皿のようにしてスッチーのお尻に喰らいついていた。

このスッチーのお尻はあまりにも魅惑的で、檻《おり》から出てきたボクたちを狂わすには十分なほど罪深いものだった。常に襟《えり》を正していなければならないはずの刑務官さえも、その誘惑に負け、職務を忘れてしまったほどなのだ。やはり刑務官もただの男だったのである。

やがて、眼下に夏の強烈な陽光に映えてギラギラと輝く津軽海峡が広がり始めた。エンジン音が変わり、機は着陸態勢に入る。窓の外に大雪《たいせつ》山系の山々が姿を現すのと同時に、色とりどりに塗り分けられたマッチ箱みたいな屋根が点在しているのが見えた。

空港に着くと、後部出口のタラップの下にはすでに出迎えのバスが待機していた。護送バスのドアを開けたところには、濃いグリーン色の制服を着て編み上げのブーツを履いた帯広刑務所の刑務官が、直立不動のまま敬礼をして立っていた。

ボクたちは手錠をはめた手にそれぞれの荷物を持つと、青い腰紐を打たれた姿でタラップを降りた。このときボクたちを最後まで見送ってくれたのが、件のスッチーだった。口元に微笑を湛えたまま、軽く会釈してボクたちを見送ってくれる。ボクはお世話になったスッチーの罪なお尻を一瞥《べつ》すると、「バイ、バイ」と呟いて別れを告げた。

ボクたちと一緒に破目をはずしていた担当は、まるでそんなことは忘れているかのようにすました顔をして平然としていた。

ボクたちを乗せた護送バスは一路、帯広刑務所へ向けて出発。ほんの一時間三〇分の短い空の旅は、これから何年か刑務所暮らしを余儀《よぎ》なくされるボクたちにとって、図《はか》らずも命の洗濯となったのだった。

弾かれ、捨てられてゆく豆のように

この帯広刑務所には、千葉や横浜その他、いくつかの本州の拘置所から、受刑者たちが護送されて来ていたが、その新人訓練でボクは二人の男と一緒になった。

一人は、横浜拘置所から来ていた、「石川五右衛門の会」の若い衆だと、周囲もはばからず至極《しごく》真面目な顔で名乗るおかしな奴。もう一人は、横浜刑務所に服役中、諍《いさか》いから同囚を殴り殺してしまったという、カミソリの刃のような鋭い目つきと陰影のある青白い顔の奴だった。

この男は三年の刑を背負って横浜刑務所に服役中に事件を引き起こし、判決は四年。亡くなった相手も悲惨だが、亡くなる前から被害者はくも膜下出血の疑いがあったことが裁判で明らかにされたことから、刑務所側の温情で、この受刑者を全国でも一番務めやすい帯広刑務所へ移送させたのだった。その男の両肩から手首にかけての墨のぼかしと、わずかな色だけで彫《ほ》られた昇り竜と下り竜の刺青《いれずみ》は、入浴すると濡れて妖《あや》しい光沢を放った。墨の濃淡だけで彫られた刺青というのは見ていて凄みがあり、いかにも刺青らしかった。

ボク自身、刺青は入れていないが、過去何人かの弟分たちに、新宿十二社《そう》で道場を開いていた某彫り師のところで入れてやったこともあり、その芸術的ともいえる刺青にはやはり魅了されてしまう。

人という生き物は、自分の身体にペイントをするのが本能的に好きなようだ。その最たるものが未開の地の先住民たちである。皆、身体に傷をつけたり、彫り物をしたり、また塗ったりして、自分を美しく主張し、自己の存在を証明しようとしている。

新入工場での仕事は、小豆《あずき》、大豆、空豆、大納言その他、何種類もの豆の選別が主であった。北海道の大地は豆の栽培に適していて、生産量が多い。豆に関しては豊饒《じょう》な大地であり、我々受刑者たちの仕事としても、どうにか回してもらえる余地があったのだ。

ときには、ボクたち受刑者が食べる小豆の選別もやった。そういうときの小豆は一度選別されて弾かれ、不良品扱いとなったでき損ないの悪い豆ばかりだった。しかし、その中から再度でき損ないの小豆を、まるでボクたち犯罪者が、裁判というプロセスを経て社会から間引きされ、刑務所へ隔離されるかのごとく、間引きするのである。だから、ボクたち受刑者には、所詮《しょせん》プリプリしたふくよかな良い豆など口に入るはずもないのだ。

そういう弾かれた豆は、どこかボクたちと境遇が似ていて、そういう豆を食べるボクたちにはお似合いだった。不良とみなされて、弾かれ捨てられていく哀れで可哀相な一握りの豆たちが、ボクは堪《たま》らなく愛おしかった。

この、豆の選別作業で、手先の器用なボクは人の何倍もやった。あまりにもボクの選別作業の手が早いので、いい加減にやっているのでは？　と疑った担当が、ときどきボクの仕上げた小豆の箱の中に手を入れて検品した。しかし、担当が何度手で小豆を掬《すく》って検品しても、ボクの箱からは、ただの一粒も不良となる豆は検出されなかった。

他の者たちは一日が無事に終わればいいという感覚でやっているから、ボクだけが頑張っているかのように見えるというわけではない。逆に新入工場では、考査、訓練で少しでも担当に良い印象を与えて自分の希望する工場へ配役されるようにと、どの受刑者たちも必死の思いで頑張っているのだ。それでも、ボクの仕事のスピードには、誰一人として追いつける者はいなかった。

途中、配役《はいえき》審査会を経て、四週間の考査、訓練が終わり、正式に工場へ配役になるとき、ボクは担当から賞与金の三割増しの告知をただ一人、同囚たちの前で受けた。新入訓練で割り増しをつけられるのは前代未聞のことだった。ボクも初めての経験であり、他の刑務所でも聞いたことがなかった。

初めて塀の中へデビューを飾ったときから、ボクは印刷工場で就役《しゅうえき》してきた。そんなことから、今回も無事に、五〇名ほどの印刷工場への配役になった。

この配役も、工場に行くまではどの工場へ行くのかわからない。それはめくるまでわからないトランプのカードと同じである。各工場に配役になる人間は一〇名前後で、この配役のときも、各々両手に自分の荷物を持ち、担当に連れられて、まるで、カルガモ親子のお散歩のようにして、それぞれの工場へゾロゾロとついて行くのである。

服役中、同囚を殴り殺してしまった奴は、不良の多くいる金属工場へ配役になっていった。あとで流れてきた噂《うわさ》で知ったのだが、そいつは工場に入って行くなり、おっ、新入りが来たぞという感じで無遠慮にジロジロ見ている奴らに向かって、「おい、テメェら、ジロジロ見てんじゃねえぞ！」と噛みついたという。

注意に入った担当とも揉めたことで、そのまま取り調べとなってしまった。暗く陰気な顔に、見ているだけで凍《こお》りつきそうな鋭いカミソリの刃のような目つきで異彩《いさい》を放ってい たそいつには、新入訓練工場のときから誰も近寄らなかった。

刑務所では、印刷工場は一応、花形工場の一つとされている。知的な仕事とまではいか ないが、パソコンやコンピュータで制御する印刷機などがたくさんあることから、簡単な 軽作業を行う通称モタ工場とは違った。印刷工場に配役されて来る受刑者の質は、同じ犯 罪者ながらも良かったのだ。そこにはエアコンがあるから、夏は涼しく、冬は暖かかった。

工場内の中央の壁際には、一メートルほどの高さの、風呂屋の番台に似た担当台がある。 この見晴らしのいい担当台の上で担当は事務を執《と》りながら、常に受刑者たちが何か悪巧み をしていないか、工場の隅《すみ》々まで、その動静をモニターしているのである。

ボクが荷物を抱えて入って行くと、工場中の受刑者が一斉にボクを見た。そんな遠慮容 赦のない受刑者たちの好奇な視線のシャワーの中、随《ずい》行してきた職員に担当台の前まで連 れてこられると、「そっち側に立っていろ」と、頭の上から工場担当の声がしたので、担 当台の真下に移り、荷物を足元に置いてその場に立つ。担当台に顔がつきそうな感じで立 っているボクの目の前は、大きな壁となっていた。

ボクが以前務めていた府中刑務所の東部六工場、通称「オバケ工場」は玩具をつくる工 場だったが、ここには片目、片腕、片足など、五体満足ではない約二〇名ほどの受刑者たちが、工場の片隅で就労していた。そのせいで、オバケ工場と呼ばれていたのだから、ひどい話である。

ここの担当台は二メートルはあろうかと思うほど異常に高かった。まるで要塞《ようさい》のようである。工場には一五〇名ほどの懲役が就労していたので、毎日、工場のどこかしらで喧嘩《けんか》騒ぎが起きる。そこで保安上からも、この高さが必要となる。担当自身が身の危険を感じたときに駆け上がって、その身の安全を確保する、重要な役割を果たすためにも必要な高さだからだ。

当時のオバケ工場のオヤジ（担当）は「鬼の古川」と呼ばれていて、懲役囚から恐れられていた怖《こわ》い存在だった。そんな「鬼の古川」に日頃から虐《イジ》められて不満を抱いている懲役は数多く（大体が現役の不良たちだったが……）、時折、そんな懲役たちが古川に向けて日頃の鬱憤《うっぷん》を爆発させることがあった。

また、工場でいい顔の兄ィたちが、日頃手なづけている若い奴らに、「おい、お前ら、オヤジに**飛んで**（焼きを入れる。制裁をくわえる）、少し恥をかかせてやれ」などと、**クンロク**（因果を含める。脅す）を入れて、担当を襲わせるといった事件もたびたび起こっていた。

そんなときはいくら「鬼の古川」であっても、多勢に無勢では敵《かな》うはずもなく、その場から一目散に担当台に駆け上がって避難するのである。担当台は高く、階段を狭く、作ってあるから、追ってきた懲役囚が担当台の上に駆け上がろうとしても、なかなか登れない。

それどころか逆に、担当が履いている編み上げブーツの硬い靴底で上から蹴り下げたりして、追いすがってきた暴漢たちへ反撃に出る。その間に、暴漢たちは非常ベルで駆けつけた警備隊によって取り押さえられ、鎮圧されてしまうのである。

ついでに記しておくと、この警備隊員たちは、どこの工場を巡回していようとも、非常ベルが鳴った工場を最優先する。そして我先にと息せき切ってすっ飛んでくるのだ。一番早く乗りつけて来た「一番乗り」の隊員は、あとでご褒美として保安課からラーメン券がもらえる仕組みになっていた。

あるとき、息せき切って一番乗りで駆けつけてきた警備隊員が勢いよくドアを開けると、ハァハァと息を切らしながら開口一番、たまたま入口近くにいたボクに「サカハラ、今日はオレが一番か?」と訊いたことがあった。

「一番ですよ、オヤジ!」

ボクが答えると、

「よっしゃ! ラーメン券もらったァ!」

ガッツポーズをし、歓喜の雄叫びを上げながら喧嘩の起きている場所へすっ飛んで行った。このように、刑務所の担当台というのは、監視とともに、ときには避難場所の役目も果たすように高く作られているのだ。それにしても担当台が二メートルとは異常な高さである。その当時の東部六工場の治安の悪さ、無法破りてきなありようがわかろうというものである。

当時、この工場には◯◯会の柿田といういい器量をした兄ィが務めていた。あるとき、その柿田兄ィが突然、頭のオカシイ懲役に襲われ、危うく二本の千枚通しで刺されそうになったことがあった。

ボクはこのとき、ベルトコンベヤーに乗って流れてくる、でき上がった玩具の検品を立ち役でやっていた。後方でガタガタッという音とともに怒声《どせい》がしたので振り向くと、千枚通しの切っ先が今にも柿田兄ィの顔に突き刺さる寸前だった。

柿田兄ィは襲ってきた暴漢の両手首を自分の二の腕で必死に握り押さえていた。まさに間一髪である。

こんな感じで、無法地帯と化した物騒極まりない東部六工場は、ワイルドキャットな懲役たちの怒号が毎日、飛び交っていたのだ。

当時の刑務所は今と違って、犯罪者たちにとってデタラメのできた、ある意味では生きやすい時代でもあった。そして、大手を振って自由に闊歩《かっぽ》できた時代でもあったからこそ、塀の中の規則やルールといったものはまるで守られず（逆に、不良間での秩序はきれいに保《たも》たれていたから、秩序なくして秩序ありであった）、危険もいっぱいだった。だからこそ、担当台も今では考えられないほど異常なまでの高さになっていたのである。

ボクが配役になった帯広刑務所の印刷工場の担当台は、そんな物騒な時代とは違って、二メートルはなかった。担当台を背にした左側の奥に便所があり、その手前の一角には、通称「チロリン村」と呼ばれている電気ソケットの組み立てをする軽作業の「モタ」と呼ばれている班があった。この班は一〇名くらいで構成されていた。刑務所には、大体どの工場にも大なり小なり異なった作業を行うモタの班があって、その仕事に就く者たちを蔑《さげす》んだ言葉で「モタ公」と呼んでいた。

担当台の正面には印刷機が三台。その左側には断裁機があり、正面右側には文選やオフセット用のPS版の焼付け機があった。そして担当台の真横に経理班があり、その隣《となり》には製本、その奥に暗室があった。

工場の中央には白線が二本、工場を縦断してド〜ンと真っ直ぐに引かれていた。この中央ラインが、刑務官の基本中の基本であ る懲役たちの点呼《てんこ》を行う神聖な整列場所となっているのだ。

ボクはチロリン村に配属になり、その後二カ月間、電気ソケットの組み立て作業をやらされた。新入りは、最初ここからスタートするのである。そして、満期や仮釈放などで工場から引っ込む者がいると、そこのポジションが空くことになる。いいポジションであれば、そこに担当のおメガネに適《かな》った者が就くことになる。

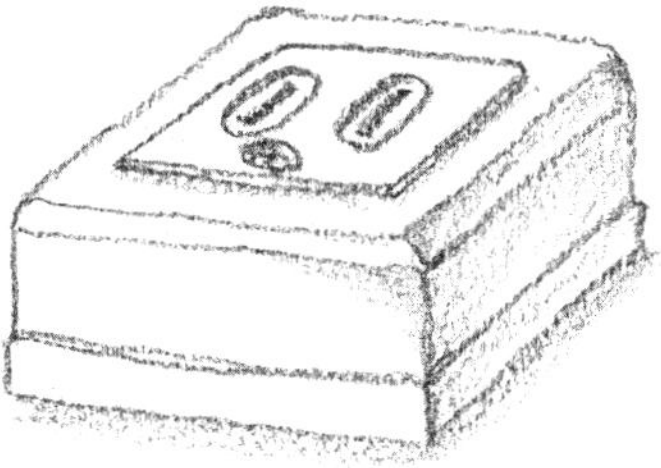

おメガネに適わなければ、いつまでたってもモタの仕事から解放されることはない。よって、満期まで「飼い殺し」となる懲役もいるのだ。

チロリン村頂上決戦

ボクの隣で、**札幌拘置所**から移送になって来て四カ月になる木佐《きさ》という、某組織のいい道産子《どさんこ》兄ィが、チロリン村のモタで黙々と仕事をこなしていた。

簡単で単調な作業は飽きがくることから、誰もがのんびりと、一日をそつなく潰《つぶ》す感覚でやっていた。チロリン村に就いたボクは、そんな連中のことなどお構いなしで、最初からある程度のスピードでソケットの組み立て作業を開始した。一カ月もすると、今までのんびりと仕事をしていたチロリン村は一変したのである。

ボクの異常なまでの仕事ぶりに触発された仲間たちが、今まで以上に生産を上げ始めたのだ。特にボクの隣の席で、「お日さん、西、西（一日が無事に終わればそれでいいという感覚で過ごす）」でやっていた道産子の兄ィがまず豹変した。闘争本能をむき出しにして、ボクと張り合うかのように、目の色を変えてやり始めたのだ。明らかにボクへの宣戦布告であり、ボクへの挑戦だった。

元来、ヤクザ者は皆、負けず嫌いで意地っ張りだ。そんなことから二人の間にはライバル意識が生まれ、朝の始業開始の「ヨーイドン！」から、まるで四分の一マイルを争うドラッグレースの改造車が、初めから勢いよくドーンと火を噴いて走るかのごとく、火花をバチバチ散らしながらデッドヒートを展開していた。

最初のうち、ボクはこの兄ィを問題にしなかった。しかし、だんだん相手の手が速くなってくると気になり始める。やがて、ボクの様子を盗み見るようにして追いついてきたときには、本気でムキになっていた。

ちくしょう、こんな野郎に負けるかァ！

敵愾《がい》心をムキ出しにして、相手の追随を許さなかった。何が何でも、ボクのプライドが相手との差を縮めさせなかったのだ。

そんなボクは、小憎たらしい兄ィに向かって、いつも勝ち誇ったような顔をして、「オレには勝てねえよぉ〜」と、内心嘲笑っていた。

そんな調子で、毎日、目の色を変えて日増しに速くなってくる相手を振り切ろうと必死になりな

がら、熾烈なバトルを繰り広げていた。だから、あまりにも仕事をやり過ぎて、ときどき材料が切れてしまうこともあった。

悲鳴を上げたのは、次の工程の連中だった。いい大人が目の色変えて気が狂ったようにやるものだから、追いつかないのである。だからでき上がった製品が後ろの席で山積みになっていた。そのせいで、

「ケツに火がついていま〜す。だから、ゆっくりお願いしま〜す」

「チャウチャウ」と仇名《あだな》されていたそのポジションの責任者から泣きを入れられてしまった。仇名の由来はもちろん、彼の風貌がチャウチャウ犬に似ていたからである。

しかし、ボクと道産子の兄ィはそんなことはお構いなし。勝負のことしか頭になかった。材料が入ってくると、その材料の取り合いをしながら、また意地になってバトルを再開してしまうのだった。

道産子の兄ィは肝臓が悪く、五十路《いそじ》も下り坂だというのに、見かけによらず手が速く、まごまごしていると追い抜かれてしまうほどだった。

ときどき二人が同時に終わり、同時にスタートを切ることがあった。二人ともそれぞれのトレイの上に組み立てた製品を次々と並べていく。その鬼気《きき》迫るスピードに、ややもするとボクが負けることもあった。そんなときは、相手の勝ち誇った顔が憎たらしく、また、堪らなく悔しかった。その日の勝負に負けると、その夜は悔しくて眠れなかったほどである。

あるとき、ボクと道産子兄ィが、いつものように、鬼のような形相《ぎょうそう》で抜きつ抜かれつの壮絶バトルを繰り返し、意地の張り合いを繰り広げていた。

組み立てるスピードは、ややボクの方が優勢。相手の手元の様子を目の端に捉《とら》えながら、こん畜生め！　今日は大差で負かしてやる！　道産子ラーメン野郎に負けてたまるかァ！　と思った瞬間、まるでボクの心を見透かしてでもいたかのように、道産子兄ィの手元から、スポンと部品のソケットが勢いよく抜けてボクの頭に飛んできて、スコンと音を立てて当たった。まるで狙いすましたかのように、見事に当たったのだ。

ボクは「チッ！」と舌打ちをしながら、道産子兄ィの方を向いた。道産子兄ィはどこ吹く風といった顔で仕事を続けている。

「木佐さん！　オレの頭にソケット当てといて、シカトかい！」

ボクは道産子兄ィを睨みつけた。

すると、道産子兄ィは仕事する手も止めず、顔も向けずに、失礼千万極まりなく、木で鼻を括《くく》ったように「ごめんよ」と言った。ボクはその態度に、冗談じゃねえ。何だ、その言い方は……と腹を立てた。

「木佐さんよ、お友達じゃねぇんだからよ、『ごめんよ』って言い草はねえだろう。こっち向いて『どうもすみません』と頭を下げて言うのが、きちんとした謝り方じゃないの」

道産子兄ィに向き直った。わざとでないことはわかっていたのだが、そう言わずにはいられなかったのだ。

　すると、道産子兄ィの手がピタリと止まり、ボクの方に顔を向けて何かを言おうと口を開きかけた。その瞬間、チロリン村の班長がボクたちの間にスッと入ってきて帽子を取り、

「すみません。もう製品をストックする場所がないので、ゆっくりお願いします」

　申し訳なさそうな顔つきで、禿《は》げた頭を下げた。

　一瞬、ボクたち二人のおかしな空気に、気転を利《き》かせて間に割って入ってきたのかと思ったが、偶然だったようだ。

　ボクは席の後ろを振り返ってみた。そこにはボクたち二人の意地の張り合いででき上がった製品が山のように堆《うずたか》くなっていた。

「すみませんけど、もう置くところがないので、どうかゆっくりとお願いします」

　その堆く積まれた製品に埋もれるようにしていたチャウチャウも、今にも泣き出しそうな顔をしている。カッカして頭から湯気を噴き上げていたボクは、このことが引き金となって、湯気がだんだん細くなっていき、終《しま》いには止まってしまった。

　そんなことから、あたかも潮が引くかのようにして、ボクと道産子兄ィとの数週間に及ぶ意地の張り合いは自然終結したのであった。道産子兄ィは、また元の、のんびりとした「お日さん、西、西」で仕事をするようになっていった。思うに、兄ィはただ、道産子ヤクザの意地をボクに見せたかっただけなのかもしれない。

このチロリン村での二カ月間に及ぶ仕事ぶりからボクについた仇名は「仕事師」だった。実はボクは、この意地の張り合いをした木佐兄ィに、どこか男らしさを感じていたのである。つまらないことで普段からこの兄ィを目の仇《かたき》にしている、「函館の某」という堅気の人間の「厄マチ」に、この兄ィはじっと耐え忍んでいたからだ。某の刑期は八カ月。兄ィの刑期は六年だった。この道産子兄ィも、ボクが機械場へ移動になってしばらくすると、製本へ移動になった。

そんなあるとき、この兄ィと函館の某が、兄ィが仕事をしている製本のところで殴り合いとなった。某が飛んだのだ。兄ィは小柄で、某は逆に大柄だったが、兄ィも負けていない。飛びかかってきた某の顔面に兄ィの右ストレートが決まった。兄ィの我慢も、さすがに臨界点に達してしまい、懲罰覚悟で男の意気地を見せたのだ。

このとき、騒ぎに気づいた担当が素早く担当台の上から降りてくると、太い二の腕で二人の首根っこを掴み、ざわめき立つ受刑者たちに向かって、

「俺の工場を勝手に乱すんじゃねえ！　オメエら座ってろォ！」

工場中に響き渡るように啖呵《たんか》を切りながら、当時の柔道界の第一人者、山下泰裕のようなデカイ身体で二人を取り押さえた。

結局二人は、非常ベルで駆けつけた警備隊によって取り押さえられ、連行されていった。函館の某とボクは、ときどき口を利く程度の仲であったが、それなりに仲良くしていた。

某は日頃、兄ィの「厄マチ」を機械場にいるボクの前で切りながら、「いつか飛んでやる」と言っていた。そんな某にボクは迎合せず、ただ黙って聞くだけだった。某は、自分の吐いた言葉に追い詰められて、飛ばざるを得なかっただけなのだ。

この道産子兄ィには「外」で待っている彼女がいた。その彼女は毎月遠いところから兄ィの面会に来ていた。

もし兄ィが某の厄マチの雑音に負けて堪忍袋の緒《お》を切ってしまえば、毎月数回できていた「面会」という権利を剥奪されてしまい、彼女を悲しませてしまうことになる。健気《けなげ》な彼女を悲しませたくない一心から、兄ィは独りじっと耐えていたのだろう。

六年の刑期で月に二回の面会ができるようになる三級になるまで、その累進《るいしん》には数年かかる。受刑者たちは誰もが四級から三級へ、少しでも早く累進できることを望み、楽しみにしているのである。三級になれば、面会も一つ増え、二カ月に一回は「集会」といって、お菓子も供《きょう》することができるようになるのだ。

ボクは一度、この兄ィから大切な彼女の写真を見せてもらったことがある。ほんの短い間、同じ部屋になり、寝るときも隣同士だったのだ。その写真に写っていた彼女は、ボクの予想を爽《さわ》やかに裏切って、ヤクザの姉御といわれるような、ある種の雰囲気を持つ派手さとは無縁な、清楚《せいそ》でコンサバティブな可愛い人だった。

人は思うかもしれない。いいヤクザ者が女のことで我慢をするのは格好悪いと……。

ボクはそう思わない。愛しき人たち、つまり、妻や子ども、愛人、そしてヤクザをやっていれば、それ以上に大切な親分や兄貴分、兄弟分たちのために、一日でも早く社会に出て孝行しようと、じっと我慢をするのも同じ我慢であり、人のための我慢でもある。

しかし、人はそんな美しく格好いい思いには理解を示さず、逆に、そのような心を、意気地がないからと決めつけ、蔑みの目で見るのだ。

ボクの頭に当たったソケットのことで、ボクから生意気な口調でねじ込まれた木佐兄ィは、そのときもぐっと我慢していたに違いない。健気に面会に来てくれる彼女のことを思って……。

そんな兄ィを、ボクは決して見下さなかった。愛しき人たちがシャバでじっと耐えて待っているその辛苦《しんく》を思えば、自分のつまらないプライドなど、どうにでもなるだろう。できない我慢をするのが本当の我慢であり、真の勇気だとボクは思う。

「金を失うのは小さく、名誉を失うことは大きく失うことである。だが、勇気を失うことはすべてを失うことである」

どこかの国の首相が言っていた言葉を、ボクは思い出していた。

起床・点検・シャリ三本

待ちに待った、その匂いは機械場まで漂《ただよ》ってきていた。チャーシュー麺は、ボクたち受刑者の間では人気度が高く、豊富にある麺類のメニューの中でも一番好きだった。

この頃、北海道の刑務所の食事事情はまだまだ良くて、その評判は関東の刑務所にも響き渡っていた。特に帯広刑務所の麺類は九種類と豊富で、他の刑務所と比べても群を抜いていたと、思う、たぶん……。

昼の食事が終わると、いつものように一斉に話の花が咲き乱れ、あっちでもこっちでもワイワイ、ガヤガヤと「**アゴを回し**」て、雑談が始まる。ボクは決まったように、食堂に備え付けの本棚の前で、いい本との出合いをその日のよすがとして、何かいい本はないかなと探すのが常だった。

この本棚の周りには、昼の短い時間帯をこよなく愛し、活用して読書をする者たちが集ってくる。だからこの周りだけはひととき、気の休まる静かな空気に包まれるのだった。

金網が張り巡らされたストーブの周りには、ここでもいつものように雑談の花が賑《にぎ》やかに咲いている。昔ある大学に席を置きながら、池袋で不良をやっていたという門野という者と、その門野を師と仰ぎ慕《した》う佐々山という地元の若者がいつものように談笑していた。

その他の席では、パチン、パチンといい音を立てながら将棋やら囲碁を指す者。また、ある席では、女が面会に来て「男ができたから……」と別れ話を切り出されたと、身も世もなくショックを露《あら》わにしている者。そして、それを見兼ねた周りの仲間たちが慰めている光景。そうかと思えば、違う席の片隅では何人かが寄り集まって、その様子を見ながらヒソヒソやっている。

「どうも野郎の女に新しい男ができて、午前中の面会のとき、その女から別れ話が出たみたいだよ。今日の面会もその男が刑務所の前まで来ていたみたいだけど、その男っては野郎の知り合いで、**ポンチュー**(覚せい剤中毒者)らしいよ」

一人がそう言うと、

「マジっすか！　ポンチューすっか！　最悪！　あれだけ、**ガテ**(手紙)が来ていたのに、女は怖いっすね。薬づけでその男とナニやっているのかと思うと、これからは夜も眠れないで、頭グリグリっすね」

心配しているのか、人の不幸を愉《たの》しんでいるのか、合の手を入れている。

するとまた、違う一人が口を挟み、

「だから野郎、昼のチャーシュー麺にまったく手をつけないで、そっくり残していたんだな」

人のチャーシュー麺の心配をすると、また別の一人が口を出す。

「あっ、そういえば食べてなかったすね。でも、ちょっとかわいそうっすね。でも、チャーシューもったいねェ～。オレにくれれば食べてやったのに……」

人の不幸に花を咲かせている野次馬たちの光景だ。

また、違う席の片隅では、こんな話をしている。

「今週木曜日は待ちに待ったオレの可愛い子チャンが会いに来るんだ。ヒヒヒ」

「知ってるよ。だって、木曜日はエロ本の配本日だもんね。ははは」

「何言ってんだよ。自分だって、大阪から毎月女が来てるだろうが。大阪のエロ本雑誌『浪速の鉄人』がさ、ヒヒヒ」

するとそばにいる、今度は別の仲間の一人が、「山チャン」と呼ばれている札幌の放火魔をからかう。

「ところで山チャン、よく同じエロ本の女ばかりでセンズリこけるね。飽きねぇ？　エロ本、もうぼろぼろじゃないの。たまには新しい本、賞与金で買って、違う新鮮な女でシコシコしなよ」と言う。

「ほっとけ！　オレは浮気はしないの！　賞与金も使わないの！」

てな調子で、エロ本雑誌の女に操《みさお》を立てたりして、すっかりエロ本雑誌の女を自分たちの愛のマスコットガールにして喜んでいるフリーキーな奴らの席があったりして、短いお昼の時間、それはそれはもう、いろいろな人間模様を描きながら、工場中様々な話題で喧騒を極める。

また、現役の不良の人間を中心に、剣呑《けんのん》な空気を醸している連中がある席の片隅にいた。その連中はストーブの周りで談笑している門野にチラチラ目を遣《や》りながら、ときどきヒソヒソとやっている。

休憩が終わると担当の号令がかかり、ボクたちは二階の食堂から工場中央の白線のところに降りて行って整列。そこで担当の気合の入った点検となった。点検は日に十数回、その都度行われるのである。

この点検について、刑務所ではよくこんな風に受刑者たちにいわれている。

「起床・点検・シャリ三本、明ければ満期が近くなる」

刑務所の一日は、起床して夜寝るまでの間、点検と飯《シャリ》を繰り返し、また夜になって寝れば、また朝が来て満期が近くなるという、毎日の単調な生活の繰り返しのことをいっているのである。

単調は退屈である。しかし、単調ゆえ、過去の受刑生活を振り返ってみても、何の想い出もないから短く感じられ、精神的に救われている部分もあるのだ。

塀の中の過去にあるのは、ただ、白い壁と受刑者の灰色の服の色だけであった。

しかし、そんな〝空白〟とも思える受刑生活も、大事な人生の大切な時間なのである。

その時間を益《えき》あるものに変えていくか否《いな》かは、自分の心ひとつなのである。

時は金なり、命なり。

「バネット」「サメ」に「毒まんじゅう」

塀の中も年末が近づいてくると、のど自慢大会やクリスマス、正月といった、待ち望んでいた恒例行事がいくつも控《ひか》えていることから、受刑者たちの心はどこか浮き立つように活気づく。

この頃のボクは四級から三級へと累進し、それまで胸に着けていた白色の四級バッジが外され、代わりに緑色の三級バッジが着いていた。バッジの色が変わると、途端に、ボクの中で何かがキリリッと引き締《し》まってくるような、そう、責任感のようなものが芽生えてくるから不思議だった。


ボクは機械場で相変わらず、「相棒」であるポンコツ野郎の顔色を窺いながら、仕事をしていた。

表では大きなボタン雪が空間の密度を濃くしながら、音もなく深々と降り続いている。大きな窓に映るその情景は、あたかも大きなスクリーンに映し出されたサイレント映画のように美しかった。

そういえば、昔、積もった雪を見て、「親分見てください。表はシャブでいっぱいです。金儲けできます」と言った知り合いは、次の日から運転手をお払い箱になり、永久にお暇を出されてしまった。ボクは雪を見ると、そんな阿呆なヤツのことを思い出す。

ボクは間断なく舞い降り続ける表の雪片に目を遣り、ぼんやりと、東京の家族のことに思いを馳《は》せ始めた。

すると、防寒着で装備した仮釈放部隊の一団が、箒《ほうき》やスコップを肩に担《かつ》いで雪の中を「イッチニ！　イッチニ！」と歩調をとりながら行進して行くのが見えた。そしてそのあとを、事故にでも遭《あ》って首が曲がってしまったのか、それとも趣味で曲げているのか、本人に訊かなければわからないが、受刑者たちから「バネット」というあだ名を付けられた看守が短い足をせかせかと動かして通り過ぎていった。

この「バネット」の由来は、同名歯ブラシの柄の部分が、担当の曲がった首と同じ形をしていることから付けられた、ユニークにして言い得て妙な仇名だった。受刑者たちがからかって仇名を言ったりすると、「誰が言った！」と、顔を真っ赤にして怒る。そのくせ、首はいつも曲がったままだった。ときどき、そのバネットの首が真っ直ぐになって歩いている珍しい姿を見ることがある。

おっ、今日は真っ直ぐじゃねぇか。などと思って見ていると、徐々《じょじょ》に曲がっていき、終にはコクンと折れてしまうところを、タイミングよくボクたちに披露《ひろう》してくれるのだった。

そんなバネットを見て、あぁ、やっぱし曲がりゃあがった、なんて、思ったりしていたのである。

そんな仇名をつけて喜ぶ塀の中の住人たちには、悪戯好きな洒落《しゃれ》モンが多かった。この先、新しく代わる区長につけられた仇名は「サメ」だった。顔も何となくサメに似ているが、工場の中を一匹、いや一人、「スーッ」と音もなく、悠然《ゆうぜん》と泳ぐようにして巡回してくるその姿は、見事に的を射ていた。

仇名は人や物事の欠点や弱点などを突いて、おもしろおかしくつけられることが多い。格好のいい仇名であればいいが、そうでなければ悲惨である。看守たちの間でも、仇名を付けられて一人前という風潮があり、格好いい仇名を付けられたがってもいるのだ。

しばらく経って、ボクは「相棒」である機械の刷色《すりいろ》を変えるために電力を切り、ローラーを外して、ソケット組み立て班であるチロリン村の後ろにある流し場へ持って行った。

この頃、以前いたチロリン村の班長は仮釈放で上がって行き、代わりに池袋で学生ヤクザをやっていた門野という男に代わっていた。

この門野の兄貴分だった木○良○は、平成二（一九九〇）年の夏、新宿の「パリジェンヌ」で、ある話の掛け合いの最中に話がこじれて、相手に回転式の三八口径を心臓に押しつけられたまま撃ち抜かれて殺された不良者だ。彼は身体もデカイが、人間的にも魅力のある、なかなかの不良だった。昔、府中刑務所で、ボクが懲罰明けで下りていった東部三工場の溶接班で出逢ったのが最初である。

このとき、まだ吸われていない禁制品の新しいタバコをどこからか一本取り出してくると、「これ、歓迎祝いのやつだから、遠慮なく吸ってよ」と言って、柱の陰でボクに渡してくれた。

といってボクは、「ああそうですか」と、そのまま厚かましく一人で吸うつもりはなかった。周りにいた不良たちが、今にもそのタバコに襲いかかりそうな雰囲気を漂わせながら、いくつもの熱い視線を注《そそ》いでいたからである。

するとく、木○良○が少し照れながら、「サカハラさん、申し訳ないけど、皆にも吸わせてやってもらえますか？」と言ってくれたので、ボクも助かり、皆で仲良く、柱の陰で回し飲みをした。

そのとき、一人の若い衆が「オヤジは自分に任せてください。引きつけておきますから……」と言い、担当看守部長のところへすっ飛んで行くと、部長の背に柱を背負わせるように巧く立ち位置を変えてしまった。

また、隣の工場に通じるドアにも**「テン**（見張り）」を切らせながら、工場の太い柱の陰で歓迎のもてなしをしてくれたのが、この木○良○だったのだ。

一方、殺った方の星○という不良は、**新潟刑務所**で、ボクが電算写植の工場を喧嘩で上がり、懲罰終了後に下りていった工場で一日何枚もスリッパを焼いて作っていた懲役仲間だった。

そんなことからボクは、この殺された方も殺した方も、どちらも塀の中でも外でも知っていたのだ。

ロイド眼鏡をかけた門野が、流し台で凍えながら手の指を真っ赤にしてローラー棒を洗っているボクのところに寄ってきた。

「今日、オヤジ、昼に上がって、代わりに『毒まんじゅう』のオヤジが来るらしいネ」

「本当ですか。またやる気満々、厄ですネ」

「でも、サカハラさん。あのオヤジ、僕は好きだネ。厳しいけど、いいところのあるオヤジだよ」

「本当ですか？」

「ああ、ボクはオヤジたちの中では一番いいと思っているよ」

この「毒まんじゅう」と仇名されている担当は、帯広刑務所では**厄ネタ**（危ない話）の筆頭格であり、懲役囚からも担当たちからも一目置かれて恐れられている存在で、仇名の通り、食えない「毒のまんじゅう」だった。

しかし、この「毒まんじゅう」は、食えないどころか、食ってみたら、意外になかなかの味だったというほどの人情家だったのである。

ボクはその後、この「毒まんじゅう」の真の心の優しさを知ることになる。

「おい！　流し場の二人、あまりアゴ行く（しゃべる）なよ」

「すいません！」

ボクたち二人は担当台へ振り向きながら、そう答え、お互い背を向けてその場から離れたのだが、そのとき背中に門野の小さな声が聞こえた。

「昼はカレーにコーヒープリンだからネ」

ボクは無言のまま振り向き、にっこりして片目をつむった。

カレーの代わりに正露丸

この帯広刑務所のカレーは、具がない代わりに七味唐辛子が強烈に効いていて、辛さだけで食えていたようなところがあった。

食事中、食べ物の不正授受がないように、担当看守がテーブルの周りを見回り、一人ひとりの手元に目をやりながら言う。

「いいか、プリンは一人一個だからな。間違って隣の奴や前の奴の物を喰らったりするなよ。中には一人で三つも四つも喰ってる奴がいるからな」

すると、ドッと食堂の中に笑い声が起こった。そしてどこかで、「あ〜、今日のカレーは美味いべよ」と、わざとらしく誰かをからかうように素頓狂な声を上げた奴がいた。それに釣られて、周りで咳《せき》払いや笑いを押し殺す声が聞こえ始める。

ははは〜ん。今日はまた誰かが「罰ゲーム」で飯抜きになっているんだなと思い、レンゲでカレーを口に運びながら、首を伸ばして辺《あた》りを見渡した。

すると、まったく食事に手をつけないで、腹が痛いという下手な芝居を打ちながら、美味そうに食べている奴らを恨めしそうに見ている奴がいた。道交法とシャブで札幌から来ている村井である。

村井は、コンビニで買ったどこかの名水を使って、女と二人、車の中で腕に注射をしているところを、警ら中のミニパトカーに見つかり、逃走してパクられた懲役太郎だった。

「どうした？　村井、飯食わないのか。皆、美味そうに食ってるぞ」

巡回してきた担当が、片側の頬に笑いを貼りつけたまま、そいつの傍《そば》に来ると、顔を覗いて言った。

「腹の調子がよくないから、飯喰えないんです」

村井は、飯を食えないのは腹が痛いせいだと言わんばかりに、いかにも腹の痛そうな演技をしながら、痩《や》せた顔をひそめた。

すると担当看守はすかさず、返す。

「うん？　お前、何だ、腹痛いのか？　それで飯食ってないのか？　かわいそうに……それじゃ、薬でも飲むか？」

「い、いや、オヤジ、腹は痛いけど、薬は飲まなくても大丈夫です」

焦った村井は、飯も食えないうえに薬を飲まされたのでは堪らないと思ったのか、急いで言葉をつけ足した。

すると担当は、口元をちょっと尖らせて、「でも、お前、さっきから痛そうにしているべ。だから遠慮しないで、あとで薬を用意しとくから、担当台まで取りに来い。それともお前、何か食えない事情でもあるのか？　ん、何もないんだろ？　だったら、俺の言うことを聞いて薬を飲め。いいな、わかったか」

担当からそう言われてしまい、取りつく島もない村井は、それ以上断れなくなってしまい、しなくてもいい芝居をしたために、飲まなくてもいい薬を飲む破目になってしまったのだ。

担当の目は節穴《ふしあな》ではなかった。受刑者たちが密かに何かの賭け事で負けて、その罰として飯を喰えなくなっていることぐらい、はなから見破っていたのだ。だから、知らない振りをし、体のいい懲らしめを行ったのだ。

つまり、お前らもやるとこういう憂き目に遭うんだぞ！　と、暗に仄めかして、カマシを入れたというわけである。

そのとき、階段を上ってくる靴音がしたと思ったら、入口に丸い顔をした看守の「毒まんじゅう」の井口が姿を現した。

「総員五一名。現在人員五一名。異常なし」

「五一名！　少し遅くなりました」

引き継ぎのために、二人の看守の間で挨拶が交わされる。

担当看守の三条は村井の方にチラッと目を遣《や》ると「毒まんじゅう」に、「あとで村井に腹の薬を飲ませてやってくれますか。どうも奴《やっこ》さん、腹の調子が悪いみたいですから、よろしくお願いします。それと、昼飯はまったく食べていません。それにプリンも残っているはずです。あ、薬は担当台に用意しておきますから、よろしくお願いします」

そう言うと、三条は、交代看守の「毒まんじゅう」に軽く敬礼をして交代していった。

食堂の中は、「毒まんじゅう」が来たことから、一転、凪《なぎ》のように静まり返っている。

「三条担当は用事があって帰られた。午後からは俺が代わりに担当に就くことになったので、怪我のないよう、しっかり気を引き締めてやるように。いいか、わかったか！」

食事が終わると、昼の休憩時間になった。「毒まんじゅう」が食堂内を見渡して、厳《おごそ》かに言った。村井の残した飯は残飯に出され、プリンは「毒まんじゅう」自らの手によって、一斗缶の残飯桶に廃棄されてしまった。

食堂内は休憩時間になって我然騒がしくなり、活況を呈《てい》し始めた。ボクはいつものように本棚へ来ると、そこに置かれている椅子に座り、読みかけだったドストエフスキーの『罪と罰』を取り出し、続きを読み始める。

ボクの後ろでは、ストーブにハエがたかるかのように受刑者たちが群がり、思い思いの話に花を咲かせている。そんな賑《にぎ》わいの中、いろいろな話し声に混じって、どこからともなく危険な話が、ボクの耳に聞こえてきた。

「酒井、飛ぶらしいよ、菊池に。今、遠山さんに挨拶しに行ってるべ」

「えっ、マジに？　これから飛ぶのかい？　本当に？」

「もう部屋の奴らには、挨拶をすませてきたらしいよ」

ボクが振り向くと、ある組織のヤクザが二人、顔を提灯《ちょうちん》のように赤くして、食堂の隅で不穏《ふおん》な空気を囲って集団を形成しているグループに目を向けていた。

そこにはグループの首魁《しゅかい》の遠山が取り巻きたちに囲まれながら、酒井という帯広の不良崩れの奴から、何やらコソコソと話を聞かされている様子である。酒井は、遠山たちの取り巻きの一人だ。

これから被害者となる、飛ばれる相手の菊池は、東京は千住方面の某組織のまだ駆け出しの兄ちゃんで、すぐにスジ論を振りかざす血気盛んで理屈っぽい若いヤクザだった。その菊池は、遠山たちグループの席から少し離れた自席で数人の奴らと窓に寄りかかり、口に爪楊枝を咥えた生意気な格好で話をしている。

突然、食堂の入口付近に立っていた交代看守の「毒まんじゅう」が、

「オイ！　村井はいるか？」

食堂内を睥睨《へいげい》するかのように見渡して、叫んだ。

このとき、村井はストーブ近くのテーブルで部屋の仲間たちから、

「村ちゃん、腹減らねェか？　今日の昼飯はカレーの代わりに村ちゃん、正露丸だべよ。いいね～。オレも村ちゃんのように、おいちィ正露丸、食べてみたいね～」と、からかわれている最中だった。

「毒まんじゅう」の声に気がついた村井は、相手に反応する間もなく席から立ち上がると、握った両手を腰へ当てて、そのまま小走りで「毒まんじゅう」の前に走り寄ると、両手をサッと下ろして「気をつけ！」の姿勢をとり、ピョコンと一礼をした。そして、

「118番、村井和人！」と、受刑者が担当の前に行ったときにする、教育された作法に則った挨拶をした。その姿は、まるで戦時中の兵隊さんである。

「お前が村井か？　三条担当からの申し送りで、お前に腹薬を飲ませてやってくれと言われているので飲ますが、お前、ちっとも腹が痛いという様子じゃないな。腹が痛いなら、痛いなりに大人しく座っていろ。大口開けてバカみたいに笑ってるな。いいか、わかったか！」

村井は、腹痛だったことをすっかり忘れていたのである。そこで思い出したかのように急に腹に手を当てると、再び「痛て、て、て……」と、やらなければいい下手な芝居をやって見せた。

すると、「毒まんじゅう」が呆れた顔をして、「お前、バカか。薬やるから来い！」と一言言うとそのまま階段を下りていった。

村井はその場で腹の痛い振りをしたまま、くるりと後ろを振り返ると、声を殺して顔だけで笑っている仲間たちのいる席へ、ひょうきんな顔をつくって「べー」と舌を出し、そしてそのまま、「毒まんじゅう」に続いて階段を下りていったのだった。

男は男らしく、正々堂々と

ガタ、ガタン！

突然、菊池たちの座っていたテーブル席で大きな音がした。

ボクは、もしやと思い、すぐに立ち上がって音のした方を見た。すると、先ほどまで遠山たちの席にいた酒井がテーブル席の菊池に飛びかかり、顔面に数発、拳を叩き込んでいるところだった。

「何するんだ、この野郎！」

不意打ちを喰らった菊池も負けずに怒声を上げ、鼻から血を噴き出しながらも反撃に出て、相手の酒井と長椅子の上で揉み合い、掴み合いとなった。

「オヤジさん、喧嘩です！　早く来てください！」

それを見た誰かが、慌《あわ》てて階段の踊り場から担当台に向かって叫んだ。

担当台のところで村井に薬を飲ませていた「毒まんじゅう」は、その声を聞くと、

「何！　喧嘩か！　よしわかった。お前たちは絶対に手を出すな！　いいな！」

と言うと、担当台の脇の非常ベルのボタンを押して、管区に非常事態が起きている旨の電話をかけた。

ボクの場所から担当台は丸見えだった。

食堂の中が、思わぬ「ショータイム」に騒然となる。

ストーブの周りでのほほんとしていた奴らも、それまでの緩《ゆる》んでいた顔が一変。目を活《い》き活きとさせ、固唾《かたず》を呑んで喧嘩の行く末を見守っている。中には格好つけて、目の前で起きている喧嘩を止めに入ろうとする無粋《ぶすい》な奴らもいたが、周りから野次が飛ぶと引っ込

んでしまい、結局、止めに入ろうとする懲役は一人もいなかった。

階段を激しく駆け上がって来る音とともに、息せき切った「毒まんじゅう」が、目を見開いて食堂へ飛び込んできた。

喧嘩の二人は床の上を転がるようにして掴み合い、殴り合いの最中である。そこへ「毒まんじゅう」が駆け寄り、「二人とも、もうやめろ！」と叫びながら二人を引き離す。

すでに精魂つき果ててしまっていたのか、二人はさして抵抗もせず、おとなしく押さえつけられて床に這《は》いつくばっている。仕掛けた酒井も、瞼《まぶた》の上を切り、鼻血を流していた。菊池が負けずに応戦し、酒井の顔面に頭突きを数発入れていたのだ。

売られた喧嘩なら、「上等だ！　この野郎！　やってやるぜ！」と、不良らしく格好つけて戦いに挑むことができなければ、ヤクザはやっていけない。

駆けつけた警備隊員たちによって、二人が取り押さえられる。両腕を後ろ側に捻《ひね》られ、飛行機の翼のように広げた格好にされると、頭を上から押さえられて、別々なルートから連れていかれた。

二人の顔は腫《は》れ上がり、まるで巨大なポップコーンのオバケのようになっていたが、目だけは油を刷《は》いたようにギラついていた。

連行されるとき、酒井は腫《は》らした顔をわずかに歪《ゆが》めて、遠山たちの方へ向けた。もしかしたら、その顔は「ざまァみろ、やってやったぜ！」と笑っていたのかもしれなかった。

そして跡《あと》には、散乱したテーブルや椅子だけが残った。

だが、警備隊員たちはなおも居残り、興奮した受刑者たちが、突然、再び狂暴になって暴れ出さないとも限らないことから、沈静化を図るためにしばらく睨みを利かせて、

「お前ら！　席に座われ！　落ち着けェ！」

目を血走らせて吼えまくっている。

こんなときでないと警備隊の出る幕はないので、張り切るのも無理はなかった。

菊池は日頃から筋っぽいことを言い、人を上から見下ろすような目線で生意気な口の利き方をしていたので、堅気たちからも敬遠されていた。周りの不良たちとも幾度かゴタゴタを起こしていたことから、工場では少し浮いた存在だった。

このようなタイプの不良は、どの工場にも一人くらいはいる。筋をうんぬんする者は結局、自分の吐いたその筋論で、いつかは自らを窮地に追い込んでしまい、自滅していくものなのだ。

ストーブの周りには再び人垣ができ、興奮冷《さ》めやらぬ体で、今しがた起こった喧嘩ファイトの評論が始まっていた。

結局、喧嘩の原因は何だったのか、最後までハッキリしたことはわからず、「どうも遠山さんが目障《ざわ》りな菊池に〝絵図《えず》〟を描いて、酒井に飛ばさせたみたいだぜ」という、真《まこと》しやかな噂が広まっていった。

ボクは昔、広島のある組織のMという仲のよかった不良から「サカハラさん、青いね」と言われたことがあった。それは、ボクが、「オレは絵図を描くような、ゲスな根性を持った野郎は嫌いだよ。男は男らしく正面から堂々と……」と、自分の気性や生き方の美学を、話したときに言われた言葉だ。

きっと野球にたとえると、バカ正直に直球ばかりじゃ駄目で、時には状況に応じて絵図を描くといったような変化球も遣いこなせなければ、あざとい世の中、渡っていけないことから、「世間知らずだぜ」とでも言いたかったのだろう。ボクの甘チャンのような青さを知って……。

でも、ボクは江戸時代、旗本奴の水野十郎左衛門《みずのじゅうろうざえもん》と争って殺されたヤクザの始祖、幡随院長兵衛《ばんずいいんちょうべえ》のような、「絵図」だとわかっていて殺されに行った、「正々堂々、男らしくあれ」の任侠心を持った生き方が好きなのだ。

［第三章］

シャバとシャブと地獄の釜

神様ごめんよ！ ごめんよ！

塀の中の「レ・ミゼラブル」

季節も初夏に入ると、刑務所の日の当たらないところで凍結していた頑固な根雪もすっかり溶けて、その汚く黒ずんだ姿を地上から消してしまうと、グラウンドでの運動が再開される。

柔らかな、北の春の陽が射し込むある日の午後、ボクたち印刷工場の懲役は、半年振りにグラウンドの土を踏むことができた。足の底に触れる大地の柔らかな感触を味わいながら、やっと訪れた北国の遅い春に思いっきり息を吸い込んで、大きく身体を伸ばす。

グラウンドには辺り一面、タンポポの花が黄色い絨毯《じゅうたん》を織り敷《し》き始め、みずみずしい白樺の緑が、ランニングをするボクの心を惹《ひ》きつけるかのように輝いている。

ボクは門野や佐々山たちと他の懲役たちが野球に興じている外野の外側を大きく廻って、芝や土の感触を踏みしめながら走る。

塀の外では、冬の間、黄葉して汚い姿となっていた唐松の針状の葉が若々しい鮮やかな緑色になって、真っ青な空と鮮やかなコントラストを描いていた。

北の大地では、遅い春になると一斉に植物が芽吹き始める。それは緑の爆発といったような感じで、力強い、漲《みなぎ》るような生命力を感じさせてくれるのだ。

この頃、ボクは三級から二級へ累進を果たし、かねてから申し込んであった独居へ転房していた。塀の中の停滞しているかのような時間の流れ。その流れの中に身をおくことはボクにとって、欠かすことのできない天の母が与えてくれた至福の時間だった。

四角い塀の中……、それは、ボクにとって母の子宮であり、養分を与えてくれる母の胎内であった。聡明だったと聞く母をボクはこうして感じていた。それがボクの慰めだった。

独居の四角い窓に映る景色の中に、蕾《つぼみ》を膨らませた桜の木がある。まるで、額に納まった一枚の絵のような感じだ。

そんな桜の木を見てボクは、「まだ咲かぬ桜に心奪われて……」と詠《よ》み、桜の蕾が弾けるのを楽しみにしながら日々を過ごしていた。

そんな北の春も、桜が開花すると、林芙美子が「花の命は短くて苦しきことのみ多かりき」と詠《うた》ったように、あっという間に美しく、儚い命は散っていき、季節は夏へとうつろってゆく。

グラウンドでは運動会の練習が始まり、九月に入ると、その運動会が開催された。

四〇〇メートル・リレーのメンバーは、一番手が無銭飲食、二番手はシャブ中、そして三番手にコンビニ強盗、四番手がドロボーといった、実にバラエティに富んだ罪名の懲役たちが揃っていた。

第一走者が頭にキリリッと鉢巻きを締め、真剣な表情でスタートラインに立つと、「パーン」という合図の音とともに一斉にスタート。我が印刷工場の第一走者である無銭飲食は見事なまでに完璧なフォームで腕と脚が上がり、どの走者よりも美しい走り方だったが……、なぜかドンケツだった。

ところが二番走者のシャブ中がバトンを受け取るや、見る見るうちに差を縮め、一人抜き二人抜きし始めた。

これには印刷工場の懲役たちが興奮してしまい、まるで「さすらいのギャンブラー」たちが競輪場や競馬場で券を握りしめて熱くなっているような形相で、

「行けェ！　行けェ！　それ抜けェー！」

目を吊り上げ、口角泡を飛ばし、顔面に青筋を浮き上がらせて絶叫する。

そんな中、旅慣れた懲役の一人（昔、啖呵売をしていたという香具師《やし》のシャブ中のオッサン）が実況中継を始めた。

「抜きました！　また一人抜きました！　覚せい剤中毒患者、今、下着ドロボーを抜いて二位です！　速い、速い！　脚が速い！　まるで借金取りに追われている債務者のようです！」

などと、昔の府中刑務所の運動会を彷彿とさせるかのような、当意即妙な台詞で場面を盛り上げるので、ボクは腹を抱え、喉チンコを震わせて笑ってしまった。

一気に四人を抜いたシャブ中は、コンビニ強盗にバトンタッチ。デカい図体のコンビニ強盗が、これまた鬼のような形相で刺青の入った腕を振り上げ、ドタバタといった感じで走り出す。

先頭の走者とは数メートルしか離れていない。このままバトンをドロボー界のブルース・ウィリスを自認する西に渡せば、勝てたかもしれなかった。しかし、コンビニ強盗は最終コーナーを曲がって、あと十数メートルというところまで来たとき、コンビニの外でつまずいて捕まったときと同じように、なぜか、ここでも転んでしまう。

閻魔《えんま》の庁で罪人が閻魔大王に会ったとき、極楽浄土へ行けたはずの八尾《やお》地蔵の手紙を失《な》くしたために、閻魔大王に地獄へ蹴落とされてしまったかのような運の悪さである。

このようにして運動会は終わり、印刷工場は入賞には遠く及ばなかった。

北の冬の訪れは早い。運動会のあとすぐに、今度は野球の試合が始まった。

何試合か印刷工場が勝ち進み、準々決勝にも勝った。その試合が終ったあと、ボクたち印刷工場の懲役が、それまで座っていた茣蓙《ござ》を畳み始めていた、まさにそのとき、突然、神奈川から護送されて来ていた普段はおとなしい窃盗犯のヨシという懲役が、無言のままバットを振り上げて、帰り支度をしていた門野に襲いかかったのである。

辺りが騒ぎ出したので、ボクと佐々山が後ろを振り向くと、まだ片づけ終わってない茣蓙の上で、ヨシが倒れた門野の上に乗っかかり、殴りかかっていた。

驚いたボクと佐々山がすぐに二人を引き離そうと、間に割って入った。と、突然、ボクは左の頬に殴られたような衝撃を受けた。見るとそこには、眼鏡を顔から半分ズリ落とした、赤鼻で月のクレーターのようなデコデコ区長の顔があった。

「あッ！　悪い、悪い」

区長はボクに謝りながら、止めに素っ飛んで来た印刷工場の担当部長と一緒に喧嘩をしている二人を押さえつけた。

そこへ休憩中だった看守ともども警備隊がドタバタと音を立てながらグラウンドへ駆けつけて来て、二人を連れて行ったのだ。

当然、門野に飛んだヨシは、二人の警備隊員に腕を後ろへ捩じ上げられ、頭を上から押さえつけられて空飛ぶ飛行機のような格好で引致されて行った。一方、飛ばれた門野は、一人の警備隊員に腕を持たれて連行されて行く。

ボクが最後に門野を見たのは、このとき連行されていく後姿が最後となった。

遠山たちの取り巻きの懲役の一人に、川崎出身の馬場という、シャブと恐喝事件で五年の刑期を背負って来ているのがいて、ヨシはその懲役の舎弟になっていたことから、クンロクを入れられて飛んだのだろう。

遠山は自分という存在を周りの懲役に強く誇示したいがために、馬場にクンロクを入れ、馬場はヨシを飛ばさせ、門野を血の粛清《しゅくせい》にかけたのだろう。

誰にも媚《こび》を売らず、飄々《ひょうひょう》としている大学出のインテリジェンス豊かな門野に嫉妬《しっと》していたのかもしれないし、一言も口を利かない門野に、オレを無視していやがるとでも思ったのかもしれない。もしくは、他に何か理由があったのだろうか。些細《ささい》なことで恨みを買い、些細なことで敵意を持つのが人間である。まして、塀の中ともなれば……。

この事件から何日かすると、集団を形成していた遠山たちのグループ五人全員が独居房の中へ吸い込まれていった。

飛べと言われて飛んだヨシが、すべてを**歌った**（白状した）。ある意味、ヨシも被害者だが、このような事件は塀の中ではよくあることだ。もっとも門野自身、飛ばれた理由を訊かれても、答えることはできなかっただろうが。

その後の噂によると、この事件に関与したグループは、二カ月間の「軽屏禁《けいへいきん》」の懲罰を受けたようである。懲罰のマックスは二カ月だから、集団で起こした暴行事件は重たかったのだ。刑務所では、集団を形成して派閥《はばつ》をつくるという行為は、厳しい取り締まりの対象になっていて、運動の時間に二人以上固まって歩くだけですぐに注意されるほどである。

門野を師と仰いでいた佐々山は、心の奥に哀愁と深い感傷を抱いているかのようだった。せっかく仲良くしていても、突然、独居房に吸い込まれて、そのままもう二度と会えなくなってしまうかもしれないと思うと、塀の中の無情に言いしれぬものを感じて、何とも切なくなるものである。

秋が過ぎ、またやって来た冬のある寒い朝。ボクは担当台の部長から呼ばれ、「サカハラ、雑居に戻ってくれないか」と言われて、以前いた雑居房とは別の二級雑居房へ入れられた。

ボクの入った雑居房には、部屋長の「赤いランドセルの松」がいた。この松は囲碁が上手で、よくボクと対戦したものだ。しかし、三回に一回しか勝てないボクは、負けてはよく悔しい思いをしていた。

この頃の松は、仮釈放の面接がかかっていたが、大阪の保護協会からその受け入れを拒否されていた。大阪で事件を起こしていたからだ。

その後も仮釈もらいたさに、全国の保護協会に受け入れを申し込んでいたが、卑劣で猥《わい》褻《せつ》な事件を起こした松のような性犯罪者はどこも簡単には受け入れてくれない。

もし受け入れて、その地域で小学生の児童が、またもやペロペロキャンデーという餌を持った松の餌食《えじき》にでもなったら、大変なことになるからだ。だから、拒否するのが当然だった。

黒く歪んだ欲望の性衝動によって、幼い児童たちが犠牲になっているこのような犯罪は決して社会からは赦されない。寛容な神様であっても赦さないだろう。だから、面接はかかったものの満期の公算が強くなった松は〝蛇の生殺し〟といった感じで、長く感じる懲役の一日一日に苦しみ喘《あえ》いでいた。

雑居の懲役は、関東方面が半分で、あとの半分は北海道勢だった。現役の遊び人は一人もおらず、ボクの他は、部屋長の赤いランドセル、マリファナ中毒患者やドロボー、シャブ中、警官とカーチェイスをしてパトカー一台をオシャカにしてしまったという公務執行妨害の懲役たちが集っていた。また、浅草から来ていた、ボクと同い年の鳶《とび》職の懲役もいた。こいつは一見豪放な性格に見えたが、違っていた。

最初はその鳶職とは口も利かなかったが、ある話から、ボクと鳶職が浅草のある現役のヤクザをともに知っていることがわかると、途端に仲良しになった。しかし、しばらくすると何が原因なのか、その鳶職は意地悪そうな目でボクの方をチラチラ見ながら、ときどき地元の元ヤクザの懲役の耳元で何かを囁くようになった。明らかにボクの厄マチを切っていたのだ。地元の元ヤクザは、そんな鳶職野郎の話を黙って聞いているに過ぎなかった。

ボクは性格上、何かあるなら正面から言って来いというタイプなので、男らしくない陰険な鳶職のやり方には我慢できなかった。しかし、面接のかかる時期なので、今ここで我慢しなかったら今まで我慢してきたことがすべて無駄になることから、イライラしながらも我慢の日々を過ごしていたのだった。

あるとき、部屋に戻って来ると、すでに、いつものように夕食のパンを房扉を開けてある部屋の机の上に配って置いてくれてあった。

部屋の懲役たちは点検が終わると、机を並べて飯の準備に取り掛かり、自分たちの食卓に座った。そして机の上のパンを一人ひとり上から取っていき、最後に残ったパンが鳶職のところに置かれた。

何かの用事でまだ帰っていなかった鳶職が、飯の時間に間に合って帰って来て、食席に座ると、自分のところに置いてあるパンを掴んでジッと見た。そして部屋の懲役たちのパンをグルッと見回しながら、

「何だよ！　小さいじゃねえかよ。何でオレだけ小さいのを残して置くんだよ。皆で先にでかいパン取ってよ。汚ねえな！」と、ガキみたいなことをぬかしやがった。

ボクは内心呆れて、こいつ、かなりお脳が甘いなと思いながら、卑しいガッツキ野郎に、

「そんなに欲しけりゃ、オレのと取り替えてやるよ」

啖呵《たんか》を切り、ボクのパンと取り替えてやろうと思って自分のパンを見ると、何と鳶職のパンよりボクのパンの方が小さかったのである。これでは取り替える訳にもいかず、ボクの出番がなくなってしまった。

確かに大きい小さいはあるだろうが、いい男が恥ずかしげもなく口に出すことじゃない。部屋の懲役たちは呆れて言葉も出ない様子だった。

そんなことがありながらも、誰も部屋の懲役たちは進んで争い事を起こしたくないので、表面的には何もなかったかのように繕《つくろ》って、日々暮らしているのだ。

それからほどなくしてボクは、仮釈放の仮面接を一段階飛び越して、一発で本面接にかかった。するとガッツキ野郎の鳶職は、遊び道具のない刑務所で見つけた唯一の愉しみであるかのように、本面接のかかったボクにネチネチと攻撃を仕掛けてきた。面接がかかっているから何も言えないだろうと高をくくって、前以上に陰険さを増して……。

ボクはその陰険さに、とうとう堪忍袋の緒が切れてしまい、こうなりゃ、テメエの仮釈よりも大切なプライドを守ろう、と決心した。そして、効果的にやるには、人の面前で恥

をかかせてやるのが一番だと考えた。

あるとき、この鳶職が工場での昼飯が終わり、食堂の二階から一階の流し場のところにある便所に降りて行くのを見て、ボクも看守から死角になる便所へ降りて行った。そして鳶職が便所の中で腕を組んで何人かの懲役と順番待ちをしているところへ行き、野郎の小便の終わるのを待ってから、ボクは面前で睨みつけると、

「オイ！　お前よ、よくもオレを今までコケにしてくれたな。オレがおとなしくしていると思って、今まで散々オレを舐《な》めてくれたな、この野郎。こっちが仮釈で我慢してりゃ、その気になりやがって。ここで勝負してやるからかかって来い」

今までおとなしくしていたボクが突然豹変して啖呵を切ったので、鳶職はボクの勢いに目を白黒させて怖気《おじけ》づき、「いや、誤解です。そんなつもりはございません」と、今まで聞いたことのない敬語を使ってきたが、ボクは鳶職の胸倉を掴んで壁に押し付けた。

「すみません。申し訳ありませんでした」

鳶職が必死に謝る。

ボクはこんな意気地なし野郎に、仮釈のために我慢してきたのかと思うと、自分自身が恥ずかしく情けなかった。

「この意気地なし野郎。舎房に帰っても大人しくしていろ。いいか、オレが今まで大人しくしていたサービスはここまでだ。わかったな。この野郎！」

こんなバカを相手にしてもしょうがないと思ったボクは鳶職にそう言い置いて、掴んでいた手を離した。

幸い、この件は二階にいる交代看守に気づかれずにすんだ。狙い通り、懲役の面前で脅かしてやったから、効果はてき面。それからの鳶職はすっかり借りてきた猫のようにおとなしくなり、しおれた青菜のようになっていた。

次は、鳶職が、仮釈もらいたさに印刷工場にしがみつく番だった。普通の神経なら、印刷工場から上がっていくのに、恥を恥と知ることのできない哀れな懲役だった。

こういう手合いの懲役は、土壇場になるとからきし意気地がなかった。

ボクは、自分にとって何が大切かということを忘れていたのである。

晴天の日のモンローウォーク

朝の点呼が終わると、夜勤務の看守が部屋の窓から顔を覗かせた。

「サカハラ、転房するからな。荷物をまとめておくように。忘れ物ないようにしろ」と、言いながら、布団と同じ生地で煉瓦色と緑色の縦縞模様の入った大きな風呂敷包みを食器口の窓から入れてきた。

こうしてボクは外役（塀の外で行う務め）へ上がった。

部屋の扉は半分がガラス張りになっていて、鍵がなく、便所もなかった。鍵がないということは、自由に出入りができ、どの懲役の部屋へ遊びに行ってもいいということだ。

夜。疲れているにもかかわらず、入口の扉に鍵がかかっていないことがどうにも気になって寝つけない。表から鍵がかけられていないと、どうにも落ち着かないのだ。

ときどき布団の中から頭をもたげては、足元の入口の扉を気にして見ていた。便所に行きたくなって起きていくとき、入口の扉をそっと開けて廊下をキョロキョロと見回し、忍び足で便所へ向かう。

部屋に便所があり、扉に鍵がかかる環境にすっかり慣らされてしまっているボクには、この開放がまったく不安で居心地が悪かった。刑務所の中で鍵のかかっていない部屋を経験したのは初めてだったから、何とも落ち着かない妙な気分だったのだ。

そんな日が続き、毎日雪掻きをしていたある晴天の日、ボクたち懲役はスコップや箒を担いで塀の外へ出動し、一戸建ての所長官舎や、鳥の巣のように並んだ看守たちの官舎の通りの雪掻きを始めた。

しばらくすると、前方から年の頃は三〇代後半と思しき、長い髪をカールにし、細身のパンツがお尻にフィットしたスタイルのいい女が、モンローウォーク調で腰をクイクイ振って歩いて来た。

帯広刑務所に護送されるときに機内で出会ったスッチー以来、久し振りにお目にかかる本物の女を目にして、思わず鼻の穴をピクピクさせる。

なかなかエロっぽいじゃん。あんな罪な腰の振り方をして、あれじゃあまったく道徳違反だぜ。あ〜、堪らねえなァ、などと思いながら、だんだん近づいて来る女を、雪掻きをしながら**チラテンを切って**（チラチラ見て）いた。もう、ボクのか弱い心臓がドキドキ、パコパコと高鳴る。

じっくり観察してみたかったが、どうにもバカ面を晒してしまいそうなので、ボクは下を向いたまま、知らない振りを決め込んで雪掻きに励む。

女が腰をクイクイ振りながらボクの横を通り過ぎると、ボクはこのチャンスを逃すまいとして素早く後ろを振り向き、両目をバッチリ見開いて、女のお尻を凝視した。

プリンプリンとした肉付きのいいお尻に喰い込んだパンティの細いラインがうっすらとV字型に浮かび上がって、右に左に律動して揺れていた。このとき、ボクの目は血走り、理性がぶっ飛びそうになっている。

ボクの後方で雪掻きをしていた仲間たちも、女の存在に気がつかない振りをしながらも、女が通り過ぎると次々に後ろを振り向いていた。なんと、雪掻き班の全員が方向転換して、女のお尻に喰らいついていたのである。

そんな懲役たちのおかしな行動に気がついた担当看守が呆れて言った。

「お前ら、どこ見て作業してるんだ。手元見てやれや、手元見て。そんなに女の尻を見たければ、シャバに出てからじっくり見れや」

すると懲役の一人が手を止めて、黒く焼けた顔の中に白い歯を覗かせると、ニヤニヤしながら担当看守に言った。

「オヤジ、今のなかなかいい女っすね。誰（オヤジ）の女房ですかね」

「あれはときどき見かける生命保険の女の人だべ。評判の美人だべさ」

釣られて、担当もニヤケる。実は、担当本人も、しばらく女の後ろ姿をエロい目で追っかけていたのだ。

そんな懲役囚のボクたちを嘲弄《ちょうろう》するかのように、保険屋のオネエさんはお尻をクイクイ振りながら雪道の中に消えて行く。

そのエロく、罪深いお尻は、飢えたボクたち懲役囚の妄想を掻き立てるには十分だった。気を取り直し、再び、せっせと雪掻きをしていると、かなり齢《よわい》のいったオバサンが同じ雪道を歩いて来た。しかし、一人を除いて、誰も振り返らなかった。いくら女に飢えている懲役であっても、使い古したババアには興味がなく、振り向かなかったのだ。

「いい女が通ったあとに歳食ったオバサンが歩いて来たけど、振り返ってじっと見ていましたね。もしかして年増がタイプなんですか？」

その日の昼飯の休憩時間に、ただ一人、振り返って見ていた懲役にからかい半分に訊いてみた。

すると、その懲役は寂しそうな顔をして、しんみりとした口調で言った。

「いや、違うんです。オレがガキの頃、買い物に行ったきり帰ってこなかったお袋に面影が似ていたもんで、つい……」

失礼なことを言ってしまったと、ボクは後悔した。五十路も下り坂のその窃盗犯には身寄りもなく、帰るところは保護施設であった。保護施設が引き取るくらいだから、シャバでドロボー稼業に精を出し、勝手気ままな人生を送っていても、刑務所に来ると真面目に務めていたのだ。

お袋さんは、その懲役がまだ小学生の頃、酒癖の悪かった父親の暴力に耐えかねて、買い物に行く振りをして、着の身着のまま一人逃げ出すようにして家を出て行ってしまったのだという。だから、母親に似た感じの女性を見ると、どうしても母親恋しさからその面影を追ってしまうのだそうだ。

そんな母親思いの懲役だから、昔、上野公園を歩いていたとき、雑踏の中に母親にとてもよく似た女性がいたので、つい母親恋しさからその女性のあとについて行ってしまったこともあったらしい。

しばらくすると、その女性が今にも泣き出しそうな顔をして後ろを振り向き、突如走り出したと思ったら、傍にあった交番へ、「変な人がついて来るんです。助けてください！」と、悲鳴を上げて駆け込んでしまった。

変質者に間違われたその懲役は、警察官に追われて上野公園の中を逃げ回ったという。

思慕《しぼ》の念が強かった、その五十路も下り坂の懲役にとっての母親は、いつまでも大切なものだったのである。

この懲役も、母親がいれば、悪の道に迷い込むこともなく、犯罪者になってクソ溜めのような塀の中へぶち込まれることもなかったのかもしれない。

ボクはその懲役囚に自分自身を重ねて、切ない思いにさせられてしまったのだった。

驚天動地、一通の手紙

「ジンさん、ユキテルも大きくなるし、もう真面目になってください」

ボクにはときどき、怖～い奥さんから、こんな内容の手紙が来ていた。

そんなことを言われても、頭の悪いボクには、法を犯さず生きることは死刑を宣告されるも同然であり、それ以外に生きて行く道はなかった。武者小路実篤の格言「この道より我を生かす道なし　この道を歩く」の実践版だ。

「世間」という、陽の当たる綺麗な水の中で生きようとしても、そこではボクは酸欠状態になり、苦しさのあまり口をパクパクさせて死んでしまうだろう。ボクには陽の射さない濁った海の底が似合っていたし、そもそも棲《す》みやすかったのだ。

そんなボクに手を差し伸べてくれたのは、海の底で生きているユーモラスなフォルムを持つ深海魚たちと同じ、人間社会の底で眼をギラつかせて喰うか喰われるかの生存競争の世界で突っ張りながらも、本音で生きていたユーモラスで愛すべき愉快な不良たちだった。

そんな世界で身過ぎ世過ぎをしながらも淘汰《とうた》されずに生きてきたボクは、法を犯すことが命を繋いでいく唯一の手段だったのだ。

だから犯罪の申し子のようなボクと納得して一緒になった奥さんなんだから、まともになれ、と言う方がおかしく身勝手だった。でも、ボクにはその気持ちはよ〜くわかっていた。といっても、今までの人生を放り投げて、濁った水の中から陽の射す綺麗な水の中へ泳いで行けるはずもなかった。そう簡単に真面目になれるのなら、とっくに真面目になっていた。ボクは世間の偽善と冷たさが骨身に染みてわかっていたが、ガキのユキテルのために、出所したらどうやって家族を養っていこうかと、真剣に考えてもいた。しかし、ボクのような世間知らずでつむじ曲がりのアンポンタンの頭からは、明解な答えは出てこなかった。生きるために社会の裏街道を歩いて来たボクにとって、この問題は素手でエベレストを登るようなものだった。

それから一〇日ほどして、三月二日の朝になった。

「サカハラ、一般工場へ出役するから、荷物をまとめておくように。忘れ物がないようにしろ」

点呼がすむと夜勤の看守が来て言った。

初め、何のことかわからず、訊き直してみると、「管区へ行ってから、区長に訊け」と、にべもなく言われ、取り付く島もなかった。

青天の霹靂《へきれき》に、いったいどうしちまったんだと思いながら、咽喉を通っていかない朝飯をそのまま残飯に出した。

例のごとく、看守があの大きな風呂敷を部屋へ入れていった。仕方なく荷物をまとめ、腹立たしい気持ちで座っていると、看守が迎えに来た。

サンタクロースのように大きな袋を肩に担いで管区に向かい、取調室で待っていると、「サメ」と仇名される区長が難しい顔をして入ってきて、

「サカハラ、これを見ろ」

と、机の上に一通の手紙を投げるようにして置いた。ボクの奥さんからのものだった。開けて読んでみると、〈ジンさん、私はこれからユキテルと二人で静かな時間を大切にしたいの。だから別れてください〉と書いてあった。

この、わずか一〇日の間の突然の心境の変化。いったい、奥さんに何が起こったのか。一〇日前に届いた手紙の文面が脳裡を横切った。そこには、早く帰ってきてねと書いてあったではないか。ボクは狐《きつね》に化かされたような思いになっていた。

あの一〇日前の手紙を見る限り、離婚を考えて苦悩し葛藤しているという様子は微塵もなかった。もし、離婚を考えていたのなら、あのような文面ではなかったはずだ。この一〇日の間にいったい彼女の心にどんな変化が起きたのだろうか。

人間が本当に大事なことを考えて決断するには、それなりに時間を要するものだ。こうも短い時間に、将来のこと、ガキのことなどを熟考して、いとも簡単に離婚を決断できるものなのだろうか。何とも腑《ふ》に落ちなかった。きっと何か秘密が隠されているのだ。

このとき、ボクの頭の中に、なぜか井上陽水の、『夢の中へ』という曲が流れてきた。ボクは手紙を見つめたまま、フーッと溜息を吐き、よりによって、今日はオレの誕生日だぜと呟いた。

区長がそんなボクの顔を見て言った。

「尋ねて行った保護司にサカハラの女房が、お前に帰って来られては困るし、身元引き受けはできないと言ったそうだ。しかし、何日か前にはサカハラの帰りを待っているというような手紙が確か来ていたよな。ま、どっちにしても残念だが、仮釈は取り消しということだ」

予想もしなかった奥さんの突然の裏切りのドタキャンに、やっと手に掴んだ仮釈便の飛行機のチケットが突風に飛ばされて、ボクの手の中からどこかへ飛んでいってしまった。そしてまた、クソ溜めの塀の中へ引き戻されてしまったのだ。

ボクは再び新しい工場へと配役されていった。新しい工場は洗濯工場だった。

毒まんじゅうの「深情け」

ここで、ボクは人間的にも魅力のある稚内のKという某組織のいい兄ィと出会った。浜やけしている兄ィの顔は黒く、小さな体からは覇気をみなぎらせ、周りからは〝頭《かしら》〟と呼ばれて慕われていた。この兄ィとボクは部屋が一緒だったこともあり気が合い、下手な将棋を二人で指しては、互いをくそみそにこき下ろすといった舌合戦までも繰り広げて、楽しんでいた。

もう一人札幌から来ていた兄ィがいたが、この兄ィ、遊び人のくせにホモっ気があり、それが原因して、ボクとゴタゴタを起こしていた。その騒動も収まり、クリーニング工場へ来て数カ月が過ぎ、三度目の夏を迎えた。このクリーニング工場へ、久し振りに「毒まんじゅう」の仇名を持つ井口部長が、交代担当でやって来た。相変わらず小さな身体にパワーをみなぎらせ、圧倒的な存在感でいつものクリーニング工場の空気を一変していた。

昼飯になり、休憩時間になった。ボクは便所に行き、その帰りに仲間の懲役と一階の階段のところで立ち止まって、バカ話に大口を開けて笑っていた。すると、二階の踊り場にいた井口部長が、「オイ、サカハラ」とボクを呼んだ。

「サカハラ、まだ保護会、決まってないのか?」

ボクが食堂へ上がっていくと、心配顔で尋ねた。

「もう諦めています」仕方なく、そう、返す。

「お前、一生懸命に我慢して頑張っていたべ。オレはお前のその姿勢を見ていたから、よくわかるんだ。だから、諦めずに仮釈をもらえ。分類ではいろいろと指導してくれないのか？」

「まったくないです」

「本当か。よし、まだ仮釈もらえるから、道内の保護施設へ申し込んでみろ。もし、なんなら区長に相談してみろ。あの区長なら親身になってくれる。今からだったら、まだ間に合うぞ。だからもう一度申し込んでみろ」

食ったら死ぬといわれていた「毒まんじゅう」。懲役はもちろん、同僚の看守たちからさえも恐れられている看守部長の思わぬ「情け」に触れて、ボクは、印刷工場にいた頃、池袋で学生ヤクザをやっていたロイド眼鏡の門野さんの「皆、厄なオヤジだと思って嫌っているけど、あの井口部長、本当は人情味のあるいいオヤジだよ」という言葉を思い出した。

一カ月後、ボクは区長の尽力もあって、五二日間の仮釈をもらってシャバへ出た。

向かった先は釧路の保護施設だった。行った早々、ボクはすぐに「東京へ帰りたい」と告げた。その無理がどうにか通って、一週間後には戻ってくるという保護施設の主幹との約束で、翌朝ボクは釧路空港にいた。

待合室で待っているとき、空港の売店に並んだ新聞に目を奪われた。
平成九（一九九七）年八月二八日、ある組織の頭が射殺されたという事件がトップニュースとなって、一面を飾っていたからだ。

見栄を張ってナンボの世界

このときのシャバでの生存記録は、九カ月間。この間に三つの事件を起こした。

『直感的に「ちょっと待った」と』

覚せい剤が高騰する最中、安い一〇キロのシャブを九州からシャブ屋がリュックに入れて背負って来るが、その取引で騒動を起こす。

『何で浅草警察マル秘対象に？』

浅草国際通り沿いには「黒竜」という名前の怪し気なマンションがある。そこへある品物を取りに出入りするボクのベンツがマークされてしまう。

『ドラッグと酒に溺れて』

春の宵《よい》、殺されて地獄へ落ちて行ったアニキ分の眠る小平霊園の墓前で、独り墓に語りかけながら酒を呑んでいたボクは、突然アニキ分の裏切り行為を思い出し、墓を壊してしまう。その後町中で暴れて警察官を殴り飛ばすといった事件。

などなどの騒動を起こし、恥ずかしながら、再び帯広刑務所にUターンしたのだった。

ガキの頃から施設で育ってきたボクは、本当の「官物の子」、いや、オヤジになっていた。区長の「サメ」が護送されて来たボクの顔を見て、「お前、サカハラか？」と言って驚いていた（ボクが名前を変えていたからわからなかったのだ）。それに、内地から続けて同じ刑務所へ送られてくるのは珍しいからだ。

このとき、ボクの心の中は、釧路の保護会の件で区長に恥をかかせてしまったことに対して、申し訳ない思いでいっぱいだった。

新入訓練も二週間が過ぎると、工場への配役審査会が始まる。その当日になって呼ばれたボクは、入口脇に「気をつけ！」の姿勢で立たされて順番を待っていた。すると審査会の部屋の中から、区長の「サメ」の声が聞こえてきた。

「サカハラの件ですが、印刷工場への配役は反対です。八王子拘置所から現在印刷工場に就役中の受刑者や、木工場に服役中の出射《いでい》へ手紙を出しているからです。出射とサカハラは兄弟分になっています。本人は現役でないと言っても、手紙の内容からしてバリバリのヤクザです。だから、印刷工場への配役に関して、私は反対です。三工場の鉄筋工場がいいと思いますが……」

こうしてボクは、懲役たちの間でいう「サムライ工場」へ配役になって行った。

光陰矢の如し。月日の過ぎるのは早く、配役になってから、あっという間に一年数カ月が過ぎていった。この頃には、兄弟分の出射とボクは、配食係の懲役たちに伝言を頼み、宗教教誨《きょうかい》のクラブ活動で会うようになっていた。

ボクはよく、鉄筋工場の計算夫の席で、領置から下付した自分の財産である債権証書の領置品をときどき閲覧しては、銀座の木村弁護士に依頼して処理していた。

懲役にばかり来ていたボクは、取り立て可能な八〇〇〇万ほどの債権類を「時効による消滅」で、ただの紙屑にしてしまった。そんなことからボクは、計算夫の「政ヤン」こと、高橋政之と口を利くようになり、仲が良かった。

政ヤンは配食係をしていることもあって、よくボクと兄弟分の「ガテ」を運んでくれた。この時期、ボクは二級になっていたことから、私物のサンダルの購入ができるようになっていたが、宗教教誨のクラブ活動で出会う兄弟の出射は、とうの昔に二級になっているにもかかわらず、どうも官物のサンダルを履いているような感じだったので、もしかしたら……と思ったのだ。

そんな思いから、ボクは政ヤンに兄弟分の出射が官物を履いているかどうかの確認を取ってくれるように頼んでいた。もし、貧乏していて金がなくて購入ができないでいるなら、自分だけが私物のサンダルを履くわけにはいかなかったからだ。

ヤクザ者は「見栄を張ってナンボ」の世界だから、懲役へ行くときはそれなりに「地獄の沙汰も金次第」で、恥をかかないように金を持って下獄していくものだ。しかし、中には現役ヤクザであっても、個々のいろいろな事情があって「ハイナシ（まるっきり金なし）」で務めに行かなくてはならない奴もいる。

そういう懲役は、心ない懲役たちから、「何だ、奴はヤクザのくせに、金もないのか」と、バカにされてしまうのが塀の中の常識であり、「あいつ、官物を履いているけど、本当に現役かよ」と陰口を叩かれてしまうのだ。だから、兄弟の出射が、もしかしたらそんな辛い思いをしているのではないか、と思ったのだ。

この当時、ボクは独居部屋にいた。そんなボクのところに、配食の時間帯、係用の白衣を着てマスクを着けた政ヤンが、「ハ～イ、お茶、入りま～す」と忙しく回って来ると、着けているマスクをずらし、

「サカハラさん、出射さんはやはり官物でした。事情を出射さんに説明したら、出射さんが『今度購入するので、兄弟には購入して履いてくれるように伝えて』と言っていました」と教えてくれた。

安心し、ボクは一カ月遅れでサンダルを購入した。

翌月の、一カ月に一回、ある宗教教誨のクラブ活動へ出席する日、迎えに来た看守によって独居部屋から出されたボクは、居住区の中央の廊下へ出た。すると、すでに来ている

数名の懲役に混じって、ニコニコした出射が私物のサンダルを履いて立っていた。

「あれ、もう来たの。早いね」

ボクは巧く兄弟の横へ立つと、オヤジ（看守）の目を盗んで、唇を動かさないようにしてそっと言った。

「うん、特別購入だったから早かった。兄弟はまだ来ないの？」

「うん、オヤジに**ズケ**（受け）が悪いから、特別購入ができなかったんだ。定期の購入にしろと言われてね」

結局、兄弟は気を遣ったボクよりも早く、ピカピカの新しいサンダルを、賞与金（務める刑期によっても違うが、一カ月六〇〇円くらいから徐々に等工が上がり、一年ほどで一五〇〇円ほどになる。それも真面目に務めて懲罰にかからなければの話だが……）で手に入れ、履いていたのだった。

この鉄筋工場でのボクの仕事は、工場の外にあるビニールハウスの中で溶接されてでき上がって表に出てきた農耕機の骨組みについている溶接のカスを、ハンマーとハツリ棒で取り除く作業だった。

だいたいからして、「サムライ工場」といわれるような工場は、他の一般の工場よりも条件的には過酷である。汚い、寒い、キツイ、それに加えて、オヤジ（担当看守部長）が悪かったら、もうどうしようもないほどに最悪だ。

このような工場というのは、懲役の不満が蓄積しているからいつも殺伐としていて、空気が乾き切っているものだ。そんな不満が不気味な軋《きし》みとなって音を立てている様子は、突如として襲ってくる地震の前兆のようなものだった。

この頃のボクは工場にもずいぶん馴れてきて、中堅クラスになっていた。

農耕機の生産を刑務所側に発注している会社の指導員で、ボクの仕事振りを気に入ってくれていた人がある日、ボクに言った。

「サカハラさん、内緒の話だけど、今度三班の班長になってもらえるように区長に話をしたんだ。この班をまとめられるのはサカハラさんしかいないからね」

それから数日後のある日、休憩時間の便所待ちで工場の中央路に仲間の懲役たちと並んでいると、巡回で回ってきた区長の「サメ」が音もなく回遊してきて、後ろからボクの尻をパンと叩いた。区長は、驚いているボクに意味あり気な笑顔をつくると、片目を瞑《つぶ》って去って行った。

鈍いボクの頭の中はしばらくの間、クエスチョンマークが羽をつけて飛んでいた。あの意味あり気な笑顔と片目を瞑ったのは、いったい何だったのかと……。そして、指導員の話とやっと結びついたのは部屋へ戻ってからだった。

ボクたち三班では、ある組織の現役ヤクザが班長をやっていた。しかし、この班長はもうじき満期になっていなくなってしまうことから、担当部長は次期班長を決めなければならなかったのだ。

ボクたちの班には、拳銃三丁を隠し持っていた人の罪を身代わりに背負って、長い刑を務めていた懲役の三井がいた。この懲役と三班の班長は同じ関東の県で、しかも同門組織の人間である。そんなことから、三班の班長は同門組織の三井を自分の後釜にしてくれるよう、オヤジに強く売り込んでいた。

「オヤジ、自分のあとは三井さんに班長やらせてください。どの班も現役がやってまとまっています。お願いします」

担当部長は、可愛がっていた班長の意見を最終的には聞き入れたのだ。

現場担当部長の意見は絶大である。担当部長のズケの悪さもあって担当部長はほぼ決まりかけていたボクの班長内定を会議で退《しりぞ》けてしまい、ボクの内定は取り消されてしまった。しばらくすると、班長と同門組織の三井が班長見習いに就いた。そして満期で班長が上がって行くと、自動的に三井が三班の班長になった。

あるとき、指導員が申し訳なさそうな顔をしてボクのところへ来たので、ボクは、「気にしないでよ」と言った。班長になればなったで大変なのはわかっていたから、別にならなくてもよかったのだ。ただ、ボクを推薦してくれた指導員の気持ちには感謝した。

新しく班長になった三井は、性格的にはおとなしく、あまり人付き合いが上手くなく、不器用で損をするタイプだった。そんな三井が、横浜の元不良の唐木とモメてしまったことで、外のハツリ場にいるボクに相談を持ちかけてきた。

「サカハラさん、どうしたらいいですかね。唐木の奴、また部屋で自分の『厄マチ』を切っているらしいんですよ。あの野郎、やってやろうかな」

そう言いながら三井はボクの言葉を待っていた。しかし、ボクが口を開く前に、三井は自ら答えを出して言った。

「やっぱりやめて、このまま我慢します」

そんな三井にボクは言った。

「三井さん、自分のヤクザとしてのプライドを堅気に賤《おとし》められても、三井さんが我慢するというなら、それでもいいんじゃないですか。しかし、自分が看板を背負った現役だということを忘れないことです。極端にいえば、自分の恥は親分が恥をかくのと一緒です。自分が置かれている班長としての楽な立場が大切なのか、それともヤクザとしての生き方が大切なのか、その辺をよく考えた方がいいですよ。シャバに出て、ヤクザを続けていくなら、なおさらですよ。こう言ったからって、オレは三井さんに空気を入れているわけじゃないんで、誤解しないでくださいよ。ただ、ヤクザの倫理で考えたなら、ということを言っているだけです」

ボクが言ったのは、自分が現役のヤクザならヤクザらしい生き様を大切にするということなのだ。

初犯で来ていた三井は、務め方が下手だった。そしてヤクザとしての認識が稀薄だった。

ヤクザの看板を背負っていても、ヤクザとしての誇りやプライドというものが薄かった。「我慢しますよ」は、自分の立場が温《ぬく》いから、その立場を失いたくなかっただけの話である。できない我慢を、それでも押し殺していくのが、ヤクザの本当の我慢というものだ。

ボクはあるとき、三井のために、道内の「元」の懲役たちから立てられている南という地元の、元不良の、なかなか男気のある人間と話をして、三井を庇《かば》ったことがあった。地元や釧路の「元」たちから三井は厄マチを切られ、陰でいつもバカにされていたからだ。

昼飯になり、手洗いの最後になったボクが食堂に通じる手摺りの階段を上がりかけると、その前に南がいたので、ボクは南を呼び止めて言った。

「南さん、知ってますよね、彼奴《きやつ》らが班長の三井さんの厄マチを切っていること。これ以上、三井さんを誹謗中傷するなら、自分は同じ関東の人間として三井さんの側に立ちますよ。南さんなら、話をわかってくれると思って話をするんですけどね。それとなくやめるように言ってくれないですかね。何か言いたいなら、本人の前で言えばいいんですよ」

実質、宣戦布告をしたようなものだった。

それから間もなく、三井は思うところがあったのか、午後の休憩時間に食堂で横浜の元不良の唐木に話があると言って、二人きりで席に座った。身体の大きい二人が座ると、そこだけ異様な空気が漂い、ピーンと張り詰める。しかし、勢いがあったのは「元」の唐木の方だった。

三井が言った言葉に対して、

「じゃ、オレがあんたの厄マチを切っている証拠はあるのかよ。言いがかりをつけてんじゃねえよ！」

そう言って勢いよく立ち上がった唐木に、三井は先を制されて完全に呑まれていた。この言葉に対して顔面蒼白になった三井は、たいした反論もできずに座っている。

もしかしたら、三井は話し合いですまそうとしたのかもしれなかった。たとえ、どんな小さなことでも、ある程度腹を括り、全力を注いで行わなければならない。腹さえ括って、捨て身でいたなら醜態を晒すことはない。そうすれば、状況に応じてヤクザらしく反応できたのだ。

唐木の怒声が食堂中に響き渡った。すると周りでなり行きを静観していた唐木と仲良くしている道内の「元」の懲役たちが唐木を止めに入った。そこへ、担当部長が階段を駆け上ってきて、二人を食堂の端と端に引き離すと、すぐに警備隊が来て、二人を連行して行ってしまった。

三井が連れて行かれるとき、ボクは思った。ブルース・ウィリスみたいに暴れろとは言わないが、せめて場面で相手に飛びかかるぐらいのヤクザらしい意気地を最後に見せてほしかったと。

やられてもいいのだ、向かっていけば……。そのときに根性を見せられるかどうかで、自然と男の価値みたいなものが決まり、その人間の人格が認められていくのだ。だから、やられても向かっていく根性があれば、称賛を浴びることはなくても、名誉を回復することぐらいはできただろう。「奴、意外と根性があるぜ」と言われて……。

この件が尾を引いて、釧路の元不良の大林が、今度はボクの厄マチを切っているという噂を聞いたボクは、計算夫の政ヤンに、「あの野郎がオレの〝厄マチを切って〟いるらしいんで、明日〝飛ぶ〟よ」と告げて、その日、部屋へ帰ると、荷物を袋の中へまとめて、上がって行く用意をした。

「サカハラさん、できたら我慢してください。寂しくなりますから……」

翌朝、配食にきた政ヤンがボクのまとめて置いてある私物棚の袋を見て、そう言った。

出役して行き、検身場で大林をやるつもりでいたボクは、チャンスがなかったので、仕事中にチャンスを見つけて決行しようとして虎視眈々《こしたんたん》とそのチャンスを狙っていた。

担当のオヤジが交代したのを見計らうと、ボクは大林のいる作業場へ、仕事の振りをして歩いて行った。

溶接の作業をする相手はヘルメットを被っているので、どうやって踏んづけようかと考えながら、ボクは静かにボルテージを上げてゆく。

工場の中央路に来ると、突然誰かがボクの目の前を駆け抜けていった。その懲役が二班の作業場へ突っ込んで行くと、誰だかわからない懲役に飛びかかっていった。

「この野郎！　舐めんじゃねえぞ！」

ガシャン！　ガタン！

音を上げて、二班の作業場はあっという間に修羅場と化してしまった。

ボクはまさかと思いながら、先を越されてしまったことでどっ白けとなってしまい、先ほどの闘志も萎《な》えてしまった。そうこうするうちに警備隊員や看守たちが大勢駆けつけて来て、二人は連れて行かれた。

ボクが飛ぼうとした大林は、その日、ボクの機嫌を取るようにして媚を売ってきた。ボクは「やる価値なし」と判断してやめてしまった。計算夫の政ヤンが、大林に何か言ったのかもしれなかった。

誰だって、つまらない人間関係の軋轢《あつれき》で懲罰なんかにかかりたくはないのだ。以来、大林はボクと顔を合わせると、ニコニコしてスマイルピースのマーク顔になるのだった。

しばらくすると、ボクは作業中に左の手で持つハンマーで右の手の甲を強く打ってしまった。手がかなり腫れたので医務課に連れて行かれた。

これはあくまでも事故だった。それなのに、工場の担当や区長たちは自傷行為と見ていた。それが事実であれば取り調べになるが、ボクのは本当に事故だった。

なぜそう思われたのか。医務課まで、ボクの怪我を見に来た区長から話を聞いて、笑ってしまった。ボクが、班長になりそこなったことで工場に嫌気が差し、自分で自傷行為に及んだと思われていたのだ。

しかし、ボクの右手の甲には、過去に何回もハンマーで打った痕があったことから、担当や区長たちの思い過ごしだったことが、医務課の先生によって明らかになり、誤解が解けたのだ。

「サカハラには、悪いこと（班長にしなかったこと）をした」

邪気を回した区長が謝ると、ボクはすかさずそれを逆手に取った。

「区長、『ハツリ場』が暗くてよく見えないんですよ。お陰で視力も低下しているし……。だから手元が狂って手を打ちつけてしまうんです。違う工場にでも転業させてくれませんか」「おお、いいぞ。どこの工場へ行きたい？」

「五工場の木工辺りがいいですね」

区長は厄介払いができるとでも思ったのか、渡りに舟的な感じで、少し間を置いてから、

「わかった。しかし、一〇日間待て！」と、ボクの転業を約束してくれた。

この一〇日間というのは、木工場にいる兄弟の出射が満期で上がって行く日だった。

「サカハラ、このことは誰にも言うなよ」と、出て行くときに、区長は言った。

単調な刑務所の中では、懲役もこうやってたまに転業ができると、また新しく務めに行った気分となり、リフレッシュできるのだ。

ボクはさっそく、兄弟に「ガテ」を書き、配食のときに計算夫の政ヤンへ、例のごとく

切手も貼らずに郵便配達をしてもらった。

食事が終わると、兄弟からの「ガテ」を預かった政ヤンが、再びボクのいる独居部屋へ来て、その「ガテ」を「郵便〜」と言いながら放り投げていった。

出射はボクが再び帯広刑務所へ来るまで、周りからは、**天ぷらヤクザ**（天ぷらは練った小麦粉をつけて揚げてしまうから、中に何が入っているかわからなくなる。つまり、「わからない」の意となり、訳のわからないヤクザ＝似非《エセ》ヤクザとなる）だと思われていたらしく、「兄弟が来てくれたお陰で、皆が信用してくれた」と言い、「今度木工場に来る兄弟のことは、工場の不良たちによろしく言ってあるので、安心してくれ」と言っていた。そして、「舎弟を三人つくったので、よろしく頼む」と結んであった。

一〇日後、ボクは出射と入れ替えに、木工場へ転業になって行った。

塀の中のジーザス・クライスト

刑務所というところは、満期三カ月前になると、大方の懲役は「甘シャリ」を自主的に他の者にあげて、食べなくなる。シャバが近い者がそうするのは、塀の中の慣わしなのだ。もちろん、ボクもそうして、部屋の老囚二人に交互に甘シャリをあげていた。

あるとき、工場で、ボクが部屋の松本老人（六六歳）から「**シャリ上げ**（食い物を脅して取り上げる）」をしているという、おかしな噂が広がっていることを、八王子のFという関西弁を使う不良が教えてくれた。

「ほら、部屋の松本さん、おりますやろ。その甘シャリを、サカハラさん、シャリ上げしているっていう噂が広まってますねん。ほんまでっか？」

驚いたボクは、さっそく兄弟が残していった舎弟たち三人を集めると、その話の出どころの究明に乗り出した。果たして、犯人はすぐに見つかった。部屋のもう一人の老人で六八歳になる町井、通称「マッチ」だった。

なぜ、そんな嘘を言いふらしたのか。還房後、点検が終わって飯をすませ、仮就寝の寛ぎの時間になったとき、ボクは、〈出所前の人間が年寄りからシャリ上げをしている〉と工場中に噂が広まった件で、マッチを問い詰めた。

「マッチ、何でオレが松本さんの甘シャリをシャリ上げしているという嘘を、『松本さんから聞いた』と周りに言ったんだ。松本さんは一言もそんなことは言ってないぞ。オレや松本さんに何の恨みがあるんだ。正直に話してみろ」

松本老人は、身体の悪い母親がクリスチャンで、その母親に付き添って日曜日の教会の礼拝へ行くようになってからは、自分も信仰を持つようになり、洗礼を受けたというような人で、温和な人柄の人だった。

マッチはというと、**鳥取刑務所**に収監されている双子の兄弟の兄とドロボー一筋に生きてきた人間である。今川焼きのように扁平な顔に張りついている細い目をなおさら細くして、ドロボーで貯めた八〇〇万ほどの資金があるから、今度は足を洗って帯広に住みつき、駅前で一杯飲み屋の屋台を出すんだと言っていた。そんな老人だったが、身体はしっかりしていて元気がよかった。

するとマッチは、胸のポケットに入れているチリ紙を取り出すと、今にも垂れ落ちそうになっている鼻水をしきりに拭きながら、

「オレ、何にも言ってないよ。松本さんが嘘をついているんだよ」

と、平気な顔をして言った。

しかし、人間、目だけは嘘がつけないようになっている。マッチの、そのズル賢い目の動きは、嘘をついている人間特有の落ち着きのないものだった。同時に、ドロボー人生を長らく歩んで来た、卑しい目をしていた。

ボクはマッチに本当のことを話すように、何度か諭したが、マッチは頑迷だった。

すると今度は、松本老人が話し始めた。

「町井さんがそこまで嘘をついていないと言うなら、私が嘘をついていることになります。私一人が責任を取ってこの部屋から出て行けば丸く収まると思うので、私が出て行きます。ですから、サカハラさん、もう町井さんを赦してやってくれませんか」

この松本老人は人を責めることをせず、自分が責任を負おうとしている。それだけでなく、自分を陥れた者を赦そうとしているのだ。

同じ塀の中にいる者同士であっても、こんなに清い心を持った人がいることに、ボクは心打たれた。正に獄衣を着た、塀の中のジーザス・クライストだった。

「マッチ、松本さん、責任を取って上がると言っているけど、それでもいいのか?」

マッチは黙っていた。そんなマッチに対してボクは言いしれない怒りが込み上げてきて、

「この野郎ォ! 正直に言いやがれ! 松本さんはテメエの罪を背負って、なおかつテメエを赦そうとしてるんじゃねえのか! テメエはそういう人の心に、何も感じねえのかァ! この大バカ野郎!」

そう怒鳴りつけると、ボクは股に挟んでいた自分の枕を掴み、マッチ目がけてブン投げた。枕は勢い余ってマッチの顔の横をかすめて飛んでいった。

その途端、今川焼きにも似た大きなマッチの顔がクシャクシャに崩れたかと思うと、急に「ワーッ」と泣き伏した。

「サカハラさんが松本さんばかり可愛がってコーヒープリンとかお汁粉とか、松本さんばかりにあげるから、焼き餅を焼いたんだァ、羨《うらや》ましかったんだァ。オレが悪かったよォ~」

腹の底から絞《しぼ》り出すような、見るも哀れな声を出し、涙を畳にポトポト落としている。

ボクは呆れながらも、分別のある七〇歳近い老人が修羅を燃やして見境がなくなったことにショックを受けた。

結局、この件で人に迷惑をかけて騒がせたマッチが、次の日に工場から「ケジメをつけ

て上がります」という話で収まったのだったが、翌日、工場へ出役して行っても、マッチはシカトを決め込んで上がろうとしなかった。

かといって、ボクはこの問題を看過するわけにはいかない。機械場で作業をしている出射の舎弟になった正晴を班長に言って呼びつけると、チロリン村で作業をしているマッチのところへ行かせて、「責任を取って上がれ」と言わせた。ところが、性根の腐っているマッチは、ボクがあと何日かで上がっていくことをズル賢く計算していて、台風が通り過ぎていくのを待って遣り過ごそうとしている。

ボクはとうとう堪忍袋の緒が切れてしまい、チロリン村の部屋に入って行くと、

「マッチ。男らしく責任を取れ！」

シカトしているマッチの背後から怒鳴りつけた。

すると途端に役席を立ったマッチは走ってチロリン村の部屋から出ると、そのまま担当台まですっ飛んで行き、部長に何か言ったかと思うと、大きな今川焼きに似た顔をボクの方へ向けて指差した。

たぶん、ボクに無理やり上がれと強要されたとでも言ったのだろう。

マッチが連れていかれ、しばらくするとボクも、現れた警備隊員に連れていかれた。この日は一二月二八日、暮れも押し迫った雪がちらつく寒い日だった。

取調室で区長がボクの話を聞き、すぐに松本老人の事実確認を取ると、ほどなくしてボ

クは区長の計らいで、刑務所の中では一番過ごし易く、綺麗で、広く、暖かい医務課の独居へ入れられた。

ボクは区長の言った、「松本は取り調べしてないから安心しろ」という言葉に安堵して、逆に読書三昧の楽しい正月を過ごさせてもらった。これは明らかに区長からボクへのささやかな仮釈放代わりのプレゼントだった。

こうやってボクは、二回（五年四カ月）にわたる「帯広刑務所生活の旅」を終えたのだった。

嗚呼!!花の神戸プリズン

めでたく帯広刑務所を出所したとはいえ、このときのシャバでの生存記録はわずか一〇カ月間。シャバ見物に、冷やかしで来たようなものであった。そして、その間に起こした物語のあらすじは以下の通りである。


『ハートブレイクなUターン』

女とフィリピンに帰る飛行機の中で、パーサーとケンカになったボクがアキノ国際空港に着くと、待ち構えていたポリスに拘束されてしまう。そこで巻き起こす騒動の話。


『ヘリも来た、お騒がせ籠城事件』

無免許運転で衝突事故（ひき逃げになる）を引き起こしたボクを、舎弟の一人が助けようと田無警察のマル暴へ掛け合うが、一蹴されてしまう。拳銃を出すという話をしていたことから田無警察は拳銃を持っているボクを、ジュラルミン盾を持った警官たちに包囲させ、パクろうとして大騒動する話。


そんな物語を演じて、大好きな塀の中へまたまた戻っていくのである。

三年の実刑判決をちょうだいしたボクは、控訴期限ギリギリまで警察に据え置かれ、そのあと、身柄を八王子拘置所へ移された。そしてそこに一週間もいないうちに、分類の行われている府中刑務所へ移送された。

このようにしてボクは、お決まりのコースを辿って「監獄」という地獄の釜の中へと堕ちていくのであった。

府中刑務所の送り房で数カ月が経過し、やって来た移送当日の朝、「お前たちを神戸刑務所へ移送する」と、官のお偉い人からの言い渡しを受けたボクたち移送組六人は、護送バスに乗って、朝の通勤で混雑する東京駅へやってきた。

腰縄とロープで数珠《じゅず》繋ぎにされた珍妙な格好の六人組は、手錠のはまった両手で手荷物を引きずるように持ちながら、ただならぬ様相を呈してゾロゾロと、新幹線ホームに向かって歩いた。

この光景は一見してユーモラスに見えなくもないが、やはり異様であり、行き交う通勤客たちは驚きと好奇な目で通り過ぎて行く。

新幹線ホームで数珠繋ぎにされたボクたちが待っていると、ボクたち護送組の傍を小さな女の子と手を繋いだ母親らしき二人が通りかかった。

その女の子の円《つぶ》らな瞳がボクを見ていたので、ボクが「おはよう」と、笑って挨拶をすると、女の子は恥ずかしそうな顔をして、その母親らしき人の顔を見上げた。

「おはようと言われたら、おはようと言うのでしょう」

その母親らしき人が女の子に微笑みかけながら言った。すると、女の子の小さな口元が開き、小さな声で恥ずかしそうに「おはよう」と、ボクに挨拶を返してくれたのだ。

ボクたちが何者なのか、その母親らしき人はわかっていたのに、女の子にきちんと、躾《しつけ》として礼儀作法を教えていた。そして自らも会釈すると、手をしっかりと握り合ってボクたちの前を去っていった。

ボクは一瞬であっても、この素晴らしい母子と出会い、触れ合うことができたことに感謝した。

まさにこれこそが、人生の出会いの素晴らしさだという感慨を抱き、ほのぼのとした気持ちにさせられた。

ボクたち珍妙な一行は入ってきた新幹線に乗り込み、指定された座席に座った。すると坊主頭で熊のような体形をした、どちらかというと、ヤクザにでもした方が似合っている

ような顔相の悪い警備隊長が、

「お前ら、今から言うこと、よおく、耳かっぽじって、聞いとれや。ええな、お前らこれから数時間、着くまでピクリとも動いたらアカンで。ええな、わかったな。わかったらそこでおとなしく、じっとして座っとれや、ええな！」と、巻き舌の大阪弁で命令した。

ボクはこの大阪弁を聞き、昔読んだ、『嗚呼!!花の応援団』という漫画を思い出し、内心、これから先のナニワの**神戸刑務所**は何やら楽しいものになりそうだぞ、と嬉しくなった。

新幹線は神戸へ向かって出発。到着するまでの間、ボクは新幹線が停まる度に怖い警備隊長に〝**点を切って**（様子を窺って）〟は、乗り降りする女性客たちの、夏の開放的な装いに忙しく目を動かしていた。

そんな乗客の中には、夏物の薄い服が身体にピッタリ貼りついていて、肉感的なボディラインを惜しげもなく、かつ挑発的に浮き立たせている、エロスの塊《かたまり》のような女性客もいたから目の保養になる。

例によってボクは、そんな女性客の胸の膨らみや、形よく整って張ったお尻などが気になってしまい、どうしてもその誘惑に負けて見てしまうのである。ボクにはまったく、オレは男なんだから、我慢して見ないぞ、という意地やプライドの欠片《かけら》はなかった。

ボクは〝いつも自分に素直であれ〟と思っていたから、そんなときだけ、自分の気持ちを尊重して忠実に実行してしまうのである。そして、その状況や光景を密かに楽しみつつも決して理性をなくさないように、気持ちをコントロールする。そうしないと、熊みたいな警備隊長から公衆の面前で、「このボケ、どこ見てんねん。何、目ぇ血走らせてんや。このボケ！」と、大阪弁で言われ兼ねなかったからだ。

しかし、ときどきハッとするような身体が締まった美人女性客が乗ってくると、つい我を忘れて目と一緒に頭も動かしてしまう。目だけを動かすのには限界があるからだ。そして、そのまま躍動する女性の身体を見ては愉しんでいたのだった。

そんな自分に気がついて、我に返ったときのボクは、我慢しておとなしくしている他の受刑者たちの手前、バツの悪い気持ちになってしまうこともあった。とはいえ、ボクはどんな状況にあっても、その瞬間、瞬間を最大限に楽しむことにしているオプチミスト、楽天主義者である。

受刑者の一人がトイレに立つと、一本のロープで繋がっているボクたちは、一蓮托生《いちれんたくしょう》だった。大便でも催《もよお》そうものなら、全員で繋がってゾロゾロと便所まで行き、そいつが大便をし終わるまで、一緒になって狭い通路に張りついて待っていなければならない。しかもその間、便所の扉は開けっぱなしになっているから、否が応でも臭いがボクたちの鼻ヅラまで漂って来るのだった。

その先頭に立つ護送担当の看守も、逃亡を企ててはいないかと覗き込んでは、その臭いに鼻の穴をヒクヒクと痙攣《けいれん》させながら、終わるのをジッと耐えて待つのだから、これも職務とはいえ、ボクたち以上に過酷だったであろう。

途中、富士山がボクたちを出迎えてくれた。その秀麗《しゅうれい》な眺めにボクは目を奪われ、感動してしまった。おかげで、富士山の圧倒的な存在感は、しばらくの間、ボクに何かスピリチュアルなものを感じさせ、語りかけて来るかのように、ボクを魅了していたものである。

やがて富士山がなだらかな稜線を見せ始め、徐々に裾野を広げてくると、ボクは富士山に向かって、「また三年後に会おうぜ」とだんだん遠く離れていく富士山の雄姿に別れを告げたのだった。

西明石駅に着くと、護送バスが出迎えに来ていた。こういうところはVIP待遇なのである。護送バスが神戸刑務所に入ると、所内のあちこちから例の軍隊式の号令や、歩調をとる懲役たちの掛け声が聞こえてきた。いよいよもって、神戸刑務所での新しい生活が始まるのだと実感する。

ボクたち護送されて来た懲役は、さっそくその日から、顔見せのために新入訓練工場へ出役となった。

護送されて来た六人の中に、渋谷の〇〇会の現役で、御年七五歳になる「蔵さん」という〝老侠客〟がいた。というより、老ジャンキーだったが。

新入訓練工場では、訓練を受けている懲役たちが下を向いて黙々と作業をしていた。

ボクたちは担当台の前に一列になって立たされた。そこへ上唇の端に大きなホクロをつけた担当部長が、これまた大きな目をギョロつかせてやって来ると、「休め」の姿勢で立っているボクたち六人を一人ひとり、ギョロリ、ギョロリと鋭く睨《ね》め回した。

　そして突然、頭のテッペンから奇声を発して、「気をつけー！」と号令をかけた。というよりも吠えたのだ。

　もちろん担当部長も自ら、「気をつけ！」の姿勢をとって、号令をかけている。しかし、身体は後ろへ反り返り、脚はO脚に開いて、顔の位置、視線は上を仰いていた。

　どうもこの刑務所の雰囲気はおかしいぞと感じながら、再び、漫画の『嗚呼!!花の応援団』の世界を思い出していた。

　ボクたちが号令のもと、「気をつけ！」の姿勢を取ると、「右向け、右！」の号令がかかり、続いて「その場、足踏み！」の号令が

かかった。続いて担当部長の「イッチニ！　イッチニ！」の掛け声に合わせて、ボクたち六人はその場で足踏みを始めたのだが、どうも足の合わない奴がいるらしく、

「誰や！　そこの手と足を一緒になって上げている器用な奴は！」

と担当部長の声が飛んだ。

見ると、老侠客の蔵さんが、見事に右手と右足を一緒に上げているではないか。懲役三〇年以上のキャリアを持ち、刑務所のことなら何でも知っている〝生き字引〟のようなミスター懲役の蔵さんだったが、どうも、この勝手の違う神戸刑務所の雰囲気に圧倒されて、緊張のあまり、調子がおかしくなっていたようだった。

「お前や！　お前！　そこのオッサンや！」

そう言って、蔵さんの前に来ると、

「お前、ワシの言うてることがわからんのけ。お～ッ！　なかなかええ根性しとるやないけ！」

担当部長が蔵さんの耳元で咆えた。

すると蔵さんはますます焦って、余計にわけのわからない動きをしてしまうはめとなる。

「お前、なかなかいい味出しているやないけ、ええ、こりゃ！　お前、ところで歳ナンボや！　オッサン、言うてみいや！」

担当部長がニヤニヤしながら吠えた。

蔵さんは口角に泡が溜まった口をフガフガさせ、今にも入れ歯が口から飛び出しそうにしたまま、

「はひ〜、今年歳とって、はひ〜、七五歳ひになひます。はひ〜、はひ〜」

息も絶え絶えに答える。

「ほうか、オッサン、七五歳にもなるんかいな。えろう歳食うてるやないけ！」

結局、蔵さんは一人だけ個別指導ということに相なってしまった。

そして足踏みをやめたボクたちの目の前で、蔵さんは「行進は懲役の基本や！」と言われ、足踏み行進の練習を散々繰り返させられた。

だが、蔵さんの足は、担当部長がどう指導しても直らなかった。しまいには匙を投げた担当部長から、

「お前、ナンボやっても、全然直らんやないけ！　他の者ができて、何でお前だけ、ようできんのや。いい加減にせいや。ワシ、もう諦めたわ。蔵ァ！　お前そこで、ナンボでも好きなだけ自分勝手にそうしとったらええ。一日中そうやって滅茶苦茶な足踏みをしとけや！　ワシ、もう諦めたわ」

そう言われ、蔵さんはまたもや担当台の前に一人残されて、行進の練習をやらされた。

さんざん行進をやってきている蔵さんは、当然のごとく酸欠状態になり、「はひ〜」などと喘ぎ声をあげ、もう滅茶苦茶な行進になっていた。

そんな蔵さんに呆れた担当部長は、「蔵、ワシ、今まで、ようけ懲役見てきたが、お前みたいな滅茶苦茶な行進をする懲役は見たことないわ！　初めてやァ！」と言いながらも、根気よく指導していた。

新入訓練工場の担当の役割は、懲役を工場へ配役させるまでの二週間の間に、きっちり基礎訓練を叩き込んで仕上げなければならなかった。それができなければ、担当として失格なのである。

蔵さんのように行進一つできない懲役は、配役になった先の工場で本人が苦労してしまう。その苦労をさせないための指導でもあった。

新入訓練考査の期間は、どの刑務所でも二週間と決まっている。この間、ボクは『嗚呼!!花の応援団』の漫画の世界のような新入訓練工場で、「ナニワの神戸刑務所」の凄さと、どこか温かみのある面白さを味わったのだった。

あるとき、工場の中央で基本動作の練習が終わったあと、「できが悪い」と言われて、ボクたちは「休め」の姿勢で立たされていた。

このときの蔵さんは、オヤジから天下御免の「免罪符」を勝ち取っていた。担当台前の特別席で時折、流れて落ちそうになる鼻水を、擦り切れたチリ紙で拭きながら、〝お日さん、西、西〟で、のんびりと作業をしていた。

すると、その前で、ギョロリと剥いた目で睨みつけた担当部長が、突然ボクたちに、「お前ら、舐めたらあかんど！　なんでそんなことぐらい、ようできんのや！　ぅおりゃー！」と吠え、傍にある机の脚を蹴飛ばした。机の脚はポキリと音を立てて折れ、傾いてしまった。

担当部長はそんなことにはお構いなしに、ボクたちに向かって、これでもかというほどの恐い顔をつくって、端から一人ひとりの顔を睨みつけた。

「オイ、経理夫！　ハンマー持って来いや！　すぐに持って来い！　この机、修理せんかい！」

担当の声が飛ぶ。すると、経理夫が待ってましたとばかりに、すでに用意をしてあったハンマーと釘を手際よく持って駆けつけ、馴れた手つきで折れた机の脚に添え木を当てて、いつものことのように、手早くツギハギだらけの机の脚を修繕してしまった。

新入が来るたびに、担当は同じ机の脚を蹴飛ばして、新入の毒気を抜き取るための〝噛まし〟のパフォーマンスを演じていたのである。ボクはこんな面白いショートコントに、関西人の面目躍如たる気質を見せられた思いがした。

ある日、突然呼ばれて担当台に行くと、ニヤついた担当部長から、「サカハラ、どうや、こっちの言葉、キツイやろ。怖ないか」と、担当台の上から訊かれた。

ボクは関西弁の響きが好きで、ナニワの漫才でも見ているような感覚でいたから、「いや、オヤジ、こういう言い方は失礼かもしれないですけど、自分の関西弁に対しての認識は基本的に『面白い』というのが先入観にあるので、関西のお笑い劇場でも見ているような感覚です。だから聞いていていて、逆に面白いですよ」と、ズバリ遠慮なく言った。

すると担当部長は、片方の眉毛を吊り上げ、大きな目をギョロリと剥いてボクを見ると、「ホンマか。おもろいか」と、嬉しそうな表情を見せた。

話を聞いてみると、この担当部長、東京の言葉は綺麗過ぎるらしく、「ワシ、東京弁嫌いや。女の話す言葉のようで、どうも好かん。好きになれんのや」と本音を明かしてくれ、そのあと、気遣いを見せて、ボクに、「気にせんでええで」と、さり気なく言ってくれた。

新入訓練工場で、朝の仕事始めに唱和する「**刑務所五訓**《ごくん》」は、まさしく『嗚呼!!花の応援団』そのままの世界だった。

《刑務所五訓》
一「はい」という素直な心
二「すみません」という反省の心
三「おかげさま」という謙虚な心
四「させていただきます」という奉仕の心
五「ありがとう」という感謝の心

「唱和、始めぇ!」

担当部長が工場の中央に掲げてある「五訓」に向かって指を差しながら、例のおかしな

「気をつけ！」の姿勢をして叫ぶと、三〇名ほどの訓練生全員が、担当たちと同じ格好をして、いっせいに唱和する。

このとき、なぜ身体を反り返らせ、ガニ股にしなければならないのか、ボクにはわからない。しかし、これこそが関西流の「気をつけ！」の基本姿勢であり、神戸刑務所の新入訓練の教えなのだった。関東と関西の異なる文化の違いや人の気質の違いが、このような形になって顕著に現れていた。

あるとき、若いやんちゃな感じの訓練生が自分の役席でおとなしく作業をしていると、その席に坊主頭で眼鏡をかけた背の高い副担当がやって来て、その懲役の作業席の上に突然、自分の履いている編み上げのブーツの片方の足をドンと乗せ、「ここはワシの靴を置く席や。いつもきっちり、ワシが靴を直せるようにスペースを明けとかんかい。おう、ワレ、気いつけんかい」野太い声で言った。

それから履いている編み上げのブーツの紐を解いて脱ぐと、その懲役の鼻ヅラでブーツを逆さにして中のゴミを払い、また何でもない顔をしてブーツを履き直して紐を結び始めた。そんな副担当の度肝を抜くような挙動に、訓練生も多少たじろいでいたが、すぐに関西気質の負けん気を湧かせ、

「ここ、ワシの席ですねん。オヤジ、汚いですわ。何しはりまんねん」と、笑い顔で言い返す。

そんな訓練生に、担当はとぼけた顔をしながら、「おお、一丁前に、ワシに逆らいよるな」と言

って、デカい身体をグイグイ摺《す》り寄せ、その訓練生を無理やりに役席の椅子からズリ落とす。

ボクは驚きながらも、こういうことのできる看守と懲役の、軽妙な寸劇の滑稽さに温かいものを感じ、こんなに面白い刑務所に連れて来てくれた神様に感謝していた。

やがて訓練期間が過ぎると、ボクは新入訓練工場のオモロイ担当部長から、「サカハラ、元気でやれや」と言葉をかけてもらい、すでに知っていた配役先の印刷工場へ、府中刑務所からきた坂上と一緒に配役になった。

懲役イジメてストレス発散

工場へ行って最初に驚いたのは、懲役たちの役席が関東の刑務所と違って、すべて担当台を背にしてあることだった。

工場の懲役は約九〇名ほどで、そのうちの二〇名ほどの懲役が、担当台を起点にした右方向にある機械場と写植室の小屋で、印刷工として従事していた。その小屋の外側の隣のエリアでは、紙貼り作業を専門に行う二〇名ほどの懲役の班があった。この班には、割合長い刑期の懲役たちが就いていた。

中央には三〇名ほどの懲役で構成された、紙折り専門の立ち仕事の班があった。

その隣で最も左側、食堂のあるエリアには「メイク班」という班があった。メイク班の仕事は、女の子や子どもたちに人気のあるキティちゃんやスマイリー君といった、いろいろなキャラクターの小物グッズの組み立てである。

ここには、関東や関西の特異なキャラクターの持ち主が何人もいて、というより、このメイク班に集められていて、毎日、ここで何かしらの騒動が起こっていた。

ある懲役は、目に見えない誰かと話をしているのか、ときおり上を向いては、

「うんうん、そうだ、そうだ。ヒッヒ〜、ケケー、やっちまえ」

などと、ニタついたりしているのである。

またある懲役は、作業中、右手の指を動かして空間に何かを描いては一人でうなずいて、ニヤニヤしている。どうやらこれは、シャバのどこかに隠してきている覚せい剤の在り処《ありか》の地図を描いているらしかった。

とにかく一日中ニヤニヤしながらブツブツ言っている奴や、ときおり「テメエ、この野郎、バカ野郎!」などと、見えない誰かに文句を言っている奴もいる。

また、朝の投薬受付の担当が回ってくると必ず、「一三五八番、浅野新太郎。今日は就寝薬と、最近、お肌が荒れているので、クリームください」と、六七歳にもなる東京の薬チュー患者の代表選手のような懲役が毎回、投薬とともにクリームを申し出る。

そしてそのたびに、担当から冷ややかな口調で、「お前、懲役のくせにお肌の手入れをするんか、アホ!」と言われても、ウフフッと笑っているような壊れた懲役などなど、この班には癖《クセ》のある懲役たちが目白押しだった。

ボクは紙折りの班の兵隊になり、一番前の役席になってしまった。この配置は、ボクの刑務所での身分帳で、懲罰ばかり受けて来ているから、「要注意人物」ということになっているかららしい。

部屋は八人の雑居部屋で、〝アカ落ち〟したばかりの懲役たちが集まる四級部屋だった。

ここには元国税局に勤めていて、今は不動産業を営んでいるという、身体を半分ほど棺桶に突っ込んでいるような姫路出身の小さな老人や、関西の某組織を名乗りながら、胸には関東の老舗のテキ屋の代紋の刺青を彫っていて、どこからともなく聞こえてくる幻聴と話をしている五十路の下り坂の自称○○組の奴とか、「ワシのシノギは一日に二万円しかならへんが、まあまあや」と、腕を組んで自慢げに胸を張る、自称ヤクザの、西成の三○代のオニイちゃんといった面々がいた。

このオニイちゃんの一日二万円のシノギというのは、コンビニから二万円相当の品物を盗んできては、その品物をまた同じコンビニに持って行き、「買い戻せ」と言って難クセをつけて返品して金にするという手口だった。

二万円とはどんなシノギかと思って訊いてみたら、何のことはない。ただのドロボーだったのである。現役のヤクザだと胸を張って自慢していた西成のオニイちゃんには、ヤクザの倫理感というものが皆無であり、何とも呆れ果ててしまった。

「こら！　ダボ！　どこ見とるンや！　おんどれや！」

朝の出役時間になると、あちこちから、担当たちの怒鳴り声が舎房の通路に響き渡る。そして出役になると、目の前にある印刷工場まで約二〇メートルほどを、キッチリ行進させられるのだ。

検身所は、まるで混雑した駅のホームのようだった。検身所に置いてある青いカゴは、毎朝懲役たちが出す洗濯物の下着で山になる。そして、なぜか必ず、カゴの中にはウンコで汚れたパンツが何枚も混じって放り込んであったりする。それも半端じゃない量のウンコがついていたりするのだ。誰のパンツかは、パンツについている囚人番号でわかるのに、平気なのである。

このようにして見ると、神戸刑務所はいろいろな人間が集まった〝坩堝《るつぼ》〟であり、いかに壊れた人間が多いかということがわかろうというものだ。

この検身所で、ボクは九州は博多出身のジョージという容貌魁偉《ようぼうかいい》な男と出会う。混雑する検身所で、何かの拍子でぶつかったのが、この彼だったのだ。

狭い検身所では、気をつけていてもどうしても周りの懲役たちとぶつかってしまう危険度が高く、喧嘩になるケースも多かった。そんな中、ジョージはボクがぶつかったのにもかかわらず、嫌な顔一つせずに後ろのボクへ、その大きな身体をのっそりと捩って振り向くと逆に、「すみません」と言ってくれたのである。

混雑していると、どちらからぶつかったかわからないから、「すみません」「失礼しました」とまず言うのが、懲役たちの礼儀であり、それがまた、自分の身を守ることに繋がるのだった。

ジョージは五年半の刑期で、福岡からこの神戸刑務所へ護送されて来て間がなかった。背負ってきた事件の内容は定かではないが、自分の率いる総勢一〇〇名ほどの組織の会長だった。

ジョージは在日だったが、祖父は日本軍の兵士としてゼロ戦に乗って戦った勇士で、「撃墜王」の称号を持っていたような、すごい人だった。博多では、父親がかなり手広く遊技場を経営していた。そんなジョージとボクはだんだんと仲よくなっていった。

ある夜、部屋の仲間たちが寝静まる頃、ボクは痛み出した虫歯に悩まされ、その痛みと戦いながらまんじりともしないで一夜を過ごしていた。すると、胸に関東のテキ屋の代紋を彫っている幻聴オヤジが、突然かいていたイビキをとめ、

「コラ！　お前や！　何、〇代目の悪口、言うてんのや！」と喚《わめ》き始めた。

ボクは幻聴オヤジが寝惚けて何か言っているのかなと思い、布団の中から頭をもたげて、その様子を窺ってみた。

幻聴オヤジは布団の上に上半身を起こし、首をもたげたボクを見ると、指を差して、

「コラ！　お前じゃ！　今、〇代目の悪口、言うたやろ！」と喚いた。

ボクは突然のことなので呆気に取られてしまい、初めは何のことか理解できないでいた。するとまた、ボクに向かって何やら喚き始める。

ボクは歯が痛くてイライラしているのに、いったいこの野郎は何だと思い、「テメエのことなんか、何も言っちゃあいねェよ。この幻聴バカ！」と怒鳴ってやった。するところ、普段おとなしくしているボクが予想に反して反撃に出たからなのか、そのバカも呆気に取られて、ハトが豆鉄砲喰らったような顔をしていた。そして、そのまま何も言わずに引っくり返って寝てしまった。

ボクは、夜中だし、バカを相手にしてもしょうがないので我慢していると、幻聴バカは今度は即行でグーグーとイビキをかき始めた。

イラッときたボクは起き出して幻聴バカのところへ行き、その耳元で、「この野郎、人に迷惑かけといて、今度はイビキか」と言いながら、平手でその額をペシッと叩いた。

すると、幻聴バカがパッチリと目を開け、何か喚こうとしたので、ボクは手で口を押さえると素早く馬乗りになった。そして巡回してくる看守を警戒して廊下側に素早く〝テン〟を切ると、「この野郎、関東のヤクザを舐めんじゃねェぞ。今度、わけのわからねェことを言ったり、年寄りをいじめたりしたら、承知しねェぞ」と言って、鼻を思いっきり摘《つま》んでねじってやった。つい勢い余って、ボクはヤクザでもないのに格好つけた啖呵が口をついて出てしまったのである。

この幻聴バカは、ときどき弱い年寄りを労《いたわ》らず、反対にいじめていた。だから、このときはちょうどいい機会だったのだ。

ボクは、弱い者いじめをするような人間は、いくら強くても芯のところでは意気地がなく、根性なしの弱い人間だとわかっていた。

その後、幻聴バカはおとなしくなり、短い刑だったため、すぐに三級房へ転房になっていった。

神戸刑務所には「減点制度」というものがあって、舎房での生活態度や工場での作業態度が悪いと減点されてしまう。そのうえ点数がある基準に達しないと、いくら期間が来ても進級しなかった。

だから中には、四級のまま、三年近くも進級を果たすことができないで、「あいつ、もう三年も四級やっているんや」というようなかわいそうな懲役もいた。

洋服のボタン一つ外れていても、社会でいう交通違反の減点と同じように減点されてしまう。極端な話、塀の中ではそのボタンが外れているだけで罪を犯したのと同じなのだ。そしてその引かれた点数によって、進級を果たせなくなるのだった。

ボクは、愉しみの一つとして懲役をいじめてストレスを発散させているような看守たちの、サデスティックな目からなかなか逃れることができないでいた。いつも月の終わり頃になると撃ち落とされて点数が足らなくなり、三級へ進級を果たすことができない。だが、八カ月ほどすると、ようやく三級に進級し、めでたく三級房へ移ることができた。

この三級房には、大阪の西成区で〝汚れ（乞食）〟として気ままに漂流生活を楽しみ、人生を謳歌している浜さんという、無銭飲食で入ってきている七〇歳になる常連のオッサンや、名古屋のあるお城の一四代目を継承する三〇歳の水野という、懲役仲間から「チェリーボーイ」と呼ばれている風変わりな奴や、ピッキングでの窃盗や強盗などで数億円を稼いで、上海に七〇〇〇万の家を建てたというメチャメチャ大阪弁の上手い二〇代の中国人のリン、その他、ドロボー、薬中患者といった、刑務所を維持していくための一端を担う常連客たちが揃っていた。

あるとき、この部屋でいつものように膳板を囲んで、夕飯に出たパンと**アカバト**（甘シャリ）にありついていると、一本も歯がないくせに、いつも食べ終わるのが一番の浜さんが早々に飯を平らげてしまった。そして、さも食い足らないといった風情で、目の前で食べているチェリーボーイのアカバトをジッと見つめていた。

それは、チェリーボーイが、あとでゆっくり食べようと思って最後まで取っておいたアカバトだった。しかし、浜さんはそのアカバトの入った皿にサッと手を伸ばすと、両手で掴んで曳《ひ》き寄せ、チェリーボーイが驚く間もなく、あっという間に手で口の中へ掻き込んで食ってしまったのである。

「うぇー、食った！」

部屋の懲役たちもこの仰天事件に喚声を上げたが、当の浜さんは、口の周りをアカバトで汚したままそっぽをむいてシカトを決めこんでいる。

チェリーボーイはというと、空になった皿を見詰めて半ベソをかいていたが、もうあとの祭りだ。

一部始終を見ていて唖然としたボクは、驚きとともに、神戸刑務所の懲役たちの底しれぬすごさを見せつけられたという思いになっていた。

ボクが三級になってしばらくすると、工場の担当部長が代わった。新しい担当部長は、あの新入訓練工場にいた熊田という名前の、『嗚呼!!花の応援団』の主人公を彷彿とさせる面白い部長だった。

この担当部長が来ると、今まで陰々滅々として暗かった工場の雰囲気が、あっという間に明るくなり、懲役たちも溌剌とし始めた。

それまでの悪習が一掃され、爽やかな空気が流れ出すと、

「今度のオヤジ、なかなかオモロイ担当やで。工場も明るくなったし、配食の盛りつけも公平に盛りつけるように配食夫に言うてるようやし、いいのとちゃうか」

という具合になり、大方の懲役は肯定的だった。しかし、前の担当に**ズケ**（受け）がよかった懲役たちは、決まって否定的だった。

ボクは前の担当から、「サカハラを機械場に就けようと考えておるのやが、お前、独居へ行かんか？」と言われたが、独居が苦手なボクは断っていたという経緯がある。

そんなことからなのか、この頃のボクは紙折り班から最も忙しいセクションに移っていた。そこは単純な紙折り作業に少し毛の生えたような作業内容だったが、いかんせん目が回るほど忙しかった。だから〝お日さん、西、西〟でボケッと一日を過ごすことを決めているような懲役では、とても務まらない。

このセクションでも、ボクは他人の分も手伝うほどに能率的な方法で忙しくしていた。あるとき、そんな姿を見ていた担当部長が、ボクの役席へ来ると、ニコニコしながら、「サカハラ、お前はよう働くのう。この工場の働き頭や。ホンマにようやりおるなァ。ワシは感激したぞ。お前はこの工場で一番の稼ぎ頭やァ！」

と、目ん玉をギョロつかせ、工場中に聞こえるほどの奇声を上げた。

ボクは今までいくつもの刑務所を経験してきて、ずいぶん変わった個性の強いオヤジ（担当部長）たちを見てきていたが、こんなに規格外れのパーソナリティを持った変なオヤジと出会ったのは初めてだった。

この担当部長は、朝、印刷工場の兵隊（懲役）たちが工場へ出役して行き、着替えを終えて検身所から工場内へ出て来ると、その一人ひとりの動きを元新入訓練工場の担当らしく、担当台の上から監視している。

そして兵隊がもし、ボタンをかけながら、だらしなく整列場所へタラタラと歩いて来ようものなら、それを見咎《とが》めて、「こらァ！　歩いて来る前にきちんとボタンをかけんかい！　それとなんや！　お前のそのクネクネした歩き方は！　えッ、いつからお前は明石のタコになったんや！　きちんと手え振って行進せいやァ！　元の場所からやり直せ！」と、思わず笑ってしまうような台詞で大喝するのだった。

整列場所まで腕を上げ、脚を上げて行進していかないと、必ずこうやって怒られ、また時には、「こらァ！　何やその歩き方は。お前、今からロボットや。ロボットにならんかい！　そしてもっと腕を上げ、脚を上げて歩かんかい！　お前は今からロボットやァ！　わかったか！　ロボットになるんやァ！」と、規格外れの担当は朝からテンションを上げ、つい口を開けて笑ってしまうような言葉を連発するのであった。そして時には、「よう、見とけや！」と、自分がロボットになって、行進の手本を見せたりもするのであった。

さらに朝の天突き運動になると、工場を半分に割った兵隊同士で声を掛け合って、「ホイッサ！」「ホイッサ！」とやっていると、担当部長もどさくさに紛れて、「うわー！　うわー！」と両手を突き上げて一人、雄叫《おたけ》びを上げているのだった。

新入訓練工場で声を張り上げる癖がついていて血が騒ぐのか、それともストレスの発散をするためなのかはわからないが、仕事中でも突然ボクの役席の後方で、気が狂ったようにして大きな口を開け、額の血管を浮き上がらせて、「うりゃー！」と吠えることもしばしばだった。

初めのうちは、そんな担当部長に、工場の兵隊たちはいったい何事かと、一様に驚いて振り向いていたし、ボクもその甲高《かん》い声には胆《きも》を冷やした。しかし、慣れてくると、ああ、また始まったなと思うようになり、それがないと、オヤジ、身体の具合でも悪いのかなと、逆に心配してしまうようになっていた。

担当部長は絶好調だと、自分でも知らないうちに勝手に口が動き出すようだった。ボクの役席の裏側にある担当台でもときどき、用事があってやって来た兵隊相手に、

「お前、マクドナルドの店長になって、ワシを喜ばせや。そしたらお前の言うこと、ワシ、何でも聞いてやってもええぞ」と、訳のわからないことを言っては楽しんでいた。

また、就業後、工場の食堂内で、還房待ちで待機をしているボクたち懲役囚に、自分が休みのときに行った釣りの話や、「ぼうず」だったから、魚棚の魚市場で買って帰り、「ワシが釣ったんや」と言って家族でその魚を食べた話をしたり、「ワシ、家に帰ってもいつも一人で寂しくしておるンや。そんで家の犬に、『お前だけや、ワシの味方は』と言って、犬の傍に行きおったら、その犬、ワシの顔見て、『フン』とでもいうような顔して横向きおったんや。ワシ、飼い犬にまでバカにされてしもうて、とても寂しい思いをしたな」などと滑稽な話をしてくれたので、少なくともボク一人は心を和まされていたのであった。

担当はこうやって、一日の終わりに許す限りの自分のアホな話をして、懲役囚の荒《すさ》んだ

気分を和ませていたのだった。

普段、担当は同じ看守仲間からも、遺憾なく発揮している奇人変人振りに、本気ともつかないような冗談で、「あいつはアホや」と言われて笑われたりもしていたが、気持ちが熱く、ハートのあるオヤジだった。

甘納豆事件

懲役たちが自由にコミュニケートできるのは、どこの刑務所でも、グラウンドか講堂で行われるわずかな運動時間帯だけである。

ここは、凝縮した人生を生きてきている懲役たちの、様々な人間ドラマが語られ、時には突如として、過激なドラマが上演されたりする舞台でもあった。

講堂で運動していたあるとき、以前、ボクたちの部屋にいたことのある老人が、備えつけの自転車マシーンに乗って、ゆっくり漕いでいた。その傍で運動をしていたボクは、その老人の足元に丸くて黒い、甘納豆のような物が落ちていることに気づいた。こんなところに甘納豆が転がっているはずがない。

いったい何だろうと思って見ていると、自転車を漕ぐ老人のズボンの裾から、何かがコロコロと床に転げ落ちてきた。ボクは後ろから、自転車マシーンを漕ぐ老人の足元に顔を近づけて覗いて見た。すると、また老人のズボンの裾から丸い物が転がって床に落ちてきたのだ。

それはどうも締まりのなくなった老人のお尻の穴からこぼれ出てきた、正真正銘のウンコのようであった。ボクはある事情を知っていたので、皆の前でその老人に言うわけにも行かず、黙っていた。

このとき、七年半の刑期で務めている姫路の木原という〝突破者（向こう気の強いヤツ）〟と目が合った。老人への労わりの気持ちからなのか、それとも指摘して恨まれることを避けたのかはわからないが、その〝突破者〟も、わかってはいたが黙っていたのだ。

結局、そのウンコは、運動時間の終了とともに、講堂の床の上に置き去りにされてしまった。実は、その老人、前にボクたちの雑居部屋にいたことがあり、そのときに「ウンコ事件」を引き起こした張本人だったのだ。

ある夜中、老人が便所に行ったあと、ボクが入れ替わりに便所へ立っていった。すると、流し場のコンクリートのところで何かを踏んづけてしまった。粘る感覚があったので、晩飯のときに落ちた飯粒でも踏んだのだろうと思い、大して気にもせずに用をすませ、布団に戻った。ところが、どうも何か臭うのだ。

ボクは布団から起き出し、部屋に点る豆電球の薄灯りの下で、目を凝らしてシーツを見た。すると白いシーツの所々に黒いシミができている。嗅ぐとウンコの臭いがした。

驚いたボクは、流し場のコンクリートのところまで行き、暗がりの中、目を凝らすと、兎のウンコのような丸い形をしたものが所々に落ちていた。

ボクは急いで足の裏を雑巾で拭き、落ちていたウンコも回収し、老人をそっと起こした。そして事情を説明し、チリ紙の中のウンコを見せた。

「ホンマに……」

老人の口からは、それ以上の言葉は出てこなかった。

皆が寝ているときにドタバタしても仕方ない。いいよ、オレがやるからと言って、そっと掃除をすませた。

「えろうすんまへんな」

申し訳なさそうな顔をしている老人を無理やり寝かすと、布団からシーツを剥がし、通りかかった見回りの看守に事情を話して、起床の時間までじっとして待った。

起床時間になるや、ボクは布団を畳み、石鹸で雑巾を洗い、コンクリートの床も洗った。

「サカハラさん、どないしはりました」

部屋の仲間たちが怪訝な面持ちで見ていたが、ボクはさすがに老人が夜中にウンコを漏らしたことをそこで言うのを躊躇い、「あとで工場の方で話します」と言った。

出役して行き、担当部長に呼ばれたボクは、夜中に起こった「ウンコ事件」の経緯を説明した。

「わかった。お前の布団は全部交換しとくさかい。大変やったな」と、部長が労ってくれた。

運動の時間になると、今度は部屋長に話をした。これからも同じようなことが起こると、老人自身が肩身の狭い思いをすることにもなるし、皆にも迷惑がかかるので、部屋長から担当部長へ、老人を独居へ部屋替えしてくれるように頼んだ。しかし、担当からは「独居が空き次第」と言われただけだった。

ボクの心配は的中した。老人が独居へ行く前に、危惧した「甘納豆事件」が再発してしまったのだ。

それで、「これじゃあ、かなわんな」ということになってしまい、もう一度、部屋長から担当に願いを申し出ると、他の工場から急いで借りた独居へ、老人は移って行ったのだった。そんな老人だったから、ボクは講堂の床の上で起きた「ウンコ置き去り事件」のことは黙ったままでいた。

「西」の男たちの熱い突破者精神

ある運動時間のとき、こんなことがあった。

運動を行うときには運動員の号令の下、必ず準備体操を行うことになっていた。それが終わると自由運動となり、その場で解散になる。懲役たちは数本しかない爪切りを巡って我先にと爪切りの入った箱を抱えて立っている担当の前にすっ飛んで行く。そして早い者順に一列に並ぶ。その数はざっと三〇人から四〇人にもなり、いつも長蛇の列になっていた。

運動時間は三〇分。その間に爪切りの順番が回ってくればいいが、回ってこなければ〝御茶を挽く〟破目になってしまい、運動も爪切りもできなくなってしまう。

だから、この三〇分は貴重な時間だった。誰しもが我先にと競って担当の前に並び、少しでも早く爪切りを借りられるようにするのである。

そんな順番を待って並んでいる懲役たちの列に、映画にもなった「最後の〇〇〇」の親分の元若い衆だと名乗る、身体がデカく、いかにもふてぶてしい面をした奴があとから来て、平気な顔で割り込んだのだ。

すぐ後ろの割り込まれた懲役が、割り込んだ懲役に何か言い始めた。すると、かなり後ろの方で順番を待っていた、痩せてヒョロリとした、三〇代くらいの不良っぽく見えない懲役の一人が黙って列から外れると、割り込んだ奴の横の方へ大きく回り、そして割り込んだ奴に向かって突然走り出し、プロレスでやるような飛び蹴りを勢いよく顔面に入れたのである。

割り込んだ懲役は突然襲ってきた飛び蹴りに、見事に顔面を蹴られて吹き飛んでしまった。やった懲役はすぐ担当に取り押さえられてしまい、非常ベルで駆けつけてきた警備隊に連行されて行ってしまった。文字通り〝飛んだ〟懲役は、割り込まれて文句を言っていた懲役の舎弟分だったのだ。

自分の兄ィの前に割り込みをかけてきた不逞の輩《やから》に、躊躇なく反応して飛んだその素早い行動力と姿勢に、ボクは「西」の男たちの熱い突破者精神を垣間見た思いになった。

運動時間では、時にはこのようにして、いろいろな人間ドラマが上演されるのである。

ボクのいる三級房は、懲役もどんどん入れ替わり、この頃にはある組織の下部団体に籍を置く、沖縄出身の竜也という、体形も顔も元横綱の曙にそっくりな奴がいた。

この竜也は両足水虫に侵されていて、部屋でも大変苦労しており、浮いた存在になっていた。しかし、ボクはそんな竜也と仲良くしていた。東京弁を使うボクも、冷たい感じがすると言われて、周りから一線を引かれていたからである。

竜也の事件は何であったか思い出さないが、二年未満の一番務め易い服役であったと思う。そんな竜也とボクは打ち解け合い、いつしかお互いを「竜也」、「ニイニイ（アニキ）」と呼ぶようになっていた。

ボクがある日、「アニキ」と呼ぶ竜也に、「アニキでは周りの目もあるから、呼ぶなら沖縄の言葉にしろよ」と言い、「ところで、沖縄では『アニキ』は何て呼ぶんだ?」と訊いて、「ニイニイ」になったのだ。

しかし、水虫で両足に包帯を捲くほどになっていた竜也は、部屋の懲役たちがそのことを担当に直訴したことから、やむなく独居へ移っていった。

その竜也が、同じ工場のどこかの不良崩れの懲役との確執から、「ニイニイ、満期で上がる前に奴に〝飛び〟ます」と、その頃、食堂の座る場所が近かったことから、腹の虫が収まらないのか、ときどき、そんなことを昼食後の休憩のときに竜也は口にしていた。

竜也の満期はまだ先が八カ月もあった。ボクはそんな竜也に話した。

「そんなに悔しくて我慢できないなら、今やれよ。満期まで待っていたら、気が萎えるぞ。それに現役が堅気に舐められてたんじゃ、笑い者だろう。本当に悔しいなら『鉄は熱いうちに打て』だ。オレは竜也がいなくなるのは本当は寂しい。でも、行く道を行くしかないだろう。それに自分に正義があり、悔しいならなおさらだ。もし、我慢するなら、愚痴を言わずに出るまで我慢しろ。それができなければやることだ」

何日かすると、竜也が言ってきた。

「ニイニイ、今度の運動の時間に、奴に飛びます」

ほどなくして、その運動時間がやって来た。ボクが鉄棒にぶら下がっていると、竜也がのっそりとした歩き方で近づいて来た。

「ニイニイ、行きます。元気でいてください」

そう言い、汗を拭くタオルをポケットから取り出すと右手に力強く巻き、講堂の外れの一角に設置してある新聞の閲覧場所にいるターゲットを目指して、ゆっくり歩いて行った。

ボクは最後まで見届けようと、竜也の姿を目で追った。竜也はその場所まで行くと、閲覧できるように並んでいる新聞立ての間に入っていった。

と、突然、整然としていた新聞立てが地震でも起きたかのように大きく揺らいだ。ともに、顔面に数発叩き込まれた相手が、講堂の床の上に転がった。

異変に気づいた担当部長（このときの担当部長はまだ熊田ではなかった）がその場にすっ飛んで行き、相手に襲いかかっている竜也を掴んで払い腰にかけてその場に倒すと、履いていた分厚い編み上げブーツの底で竜也の顔面を、鬼退治の桃太郎のように踏んづけた。この担当の身体は竜也以上に大きかった。

警備隊がけたたましい靴音を立てて階段を上がってきて、講堂へ飛び込んでくる。この騒ぎに、講堂内は一瞬にして緊迫した空気に変わり、物々しくなった。

竜也は警備隊員に両手を後ろへ捻じり上げられて、滑走する飛行機のような状態にさせられている。

このとき、ボクは講堂の入口の傍に移り、しゃがみ込んで竜也を待っていた。そのボクのところへ、ガンちゃんという大阪の、派手なことが大好きな懲役がやってきた。目尻に青鉛筆の芯を削って水で溶かした物を、どこかから仕入れてきた針で刺青している、まるで歌舞伎役者のような派手な顔をした男だ。

「サカハラさん、竜ちゃん、どないしはりました？」

ガンちゃんが心配顔で訊ねた。このガンちゃん、竜也とは仲がよかったのだ。

「コラー！　ボケ！　どこ見とるンや！　下向いとけや！」

警備隊の奴らが精一杯格好をつけて、懲役たちを威嚇《いかく》する。

警備隊員に腕を締め上げられ、身体を飛行機にされた竜也が入口近くに差しかかると、

「竜ちゃん、辛抱せなアカンで。ええな、辛抱せいや」

と、**テッパン**（関西では、やりっぱなしの意）のガンちゃんらしく、警備隊員の前で平気で竜也に声をかけて激励したのだった。

頭を押さえられて顔を上げることのできない竜也の表情を窺うことができなかったので、その言葉が竜也の耳に届いていたかどうかはわからない。ボクは連れられて行く竜也の後ろ姿を、講堂を出て行くまで見送った。


それにまた、キリスト教の講話の帰り際や、彼岸法要の行事が行われている最中に、突然、無言のまま殴り合いが始まったりする。シャバでの抗争相手の敵同士なのか、それとも刑務所の中での喧嘩相手なのかはわからない。

ジーザスは言った。「自分を愛するように隣人を愛せよ」と。しかし、隣人同士がヤクザで、シャバで**反目**（抗争）し合っていた敵だったら、その言葉も通用しない。

「神よ、私の罪を赦し給え。アーメン」と懺悔しておいてから、相手に飛びかかればいいのだろうか。

とにかく、神戸刑務所の懲役たちは熱く、血の気の多い突破者が多かった。

こうして講堂でも、日々様々なドラマが展開しているのである。

コテコテのかぶき者、ガンちゃん

神戸刑務所に来て、二年数カ月が経過した。

再び秋から冬への衣替えの季節へと変わった翌日、休憩時間になった印刷工場では、懲役たちが支給された冬物のジャンパーやズボンのサイズが合わず、担当に交換を願い出ようと、担当台の前に行列をつくっていた。

そんな懲役たちを前にして、担当の熊田は一人ひとりの服のサイズを、懲役の身体に合わせたり測ったり眺めたりしながら、わざと言う。

「そないに小さいか？　ワシにはそんな風には見えへんけどな」

突っ立っている懲役は交換してもらおうと、一生懸命に服の小さいことをアピールするのだが、担当の熊田はその懲役の服の袖や裾を引っ張ったり伸ばしたりして、

「ちょうどええやないけ。ピッタリや！　ジャストフィットや！」

指差して大声を上げる。

「オヤジ、こないに小さな服、ホンマに、よう、着れんですわ、見てください」

「お前ら、身体に服を合わせたらアカン、服に身体を合わせるんや。どうしてもピッタ

りの服を着たければ、お前ら、シャバに出てから自分の金でテーラーに行ってつくってもらえ。贅沢《ぜいたく》言うなァ！」

そうやって担当は、お前らは懲役や、多少は我慢せいや。養ってくれている国民の皆さんに申し訳ないやろというような気持ちで、交換を願い出てきている懲役たちを、担当の裁量（独断と偏見？）で次々に裁いていくのだ。

担当の熊田が、まずはこうやって篩《ふるい》にかけると、たいていの懲役は渋る担当の前で唸られるのが嫌なものだから、「我慢するか」ということになる。担当はそこを狙っているのだ。

しかし、本当に小さくて服が着れないと、再度言ってくる懲役なら、きちんと交換してくれていた。

そんなある始業開始の朝、運動会の応援団長をやっていたことなどもあって、担当部長の〝ヅケ〟がよく、紙折り班の立ち役になって働いていたかぶき者のガンちゃんが、工場の一番前の席で作業をしていた五〇絡みの、シャブで幾分おかしくなっている懲役に突然襲いかかり、「このたぬき爺！　ワシを舐めたらあかんど！　この乞食め！」と、相手の顔面に蹴りを入れた。

襲われた相手は、椅子から転げ落ちて引っ繰り返る。担当の熊田が素っ飛んで行って止めに入り、ガンちゃんをその場から引き離した。しかし、身体が大きく力と勢いのあるガンちゃんは、しがみついたまま離さないで踏ん張っている担当を、そのまま相手のところまでズルズル引きずっていき、何度も何度も足蹴にしたのだ。

作業席から見ていたボクは、これでまた、ガンちゃん、いなくなるなと、お祭り男がいなくなる寂しさを感じたのだった。

駆けつけた警備隊員に工場から連れ出されていくガンちゃんは、入口で振り返ると、写植室にいる、あるギャング団の兄弟分に向けて、

「兄弟！　ワシ、行くで！　元気で頑張りや！　仮釈もらって、出なあかんで！　辛抱すんやで！」

大声で叫ぶと、鉄扉の外へ消えていった。

こうしてガンちゃんは、印刷工場から二度目の懲罰行きとなってしまった。

それ以降、ボクは二度と、あの人懐っこいガンちゃんの、派手な歌舞伎役者のような顔に出会うことはなかった

ヤクザはみんな、見栄の張りっこ

ボクが仲良くしているジョージは、中ではそれほど見栄を張る人ではなかった。だが、ヤクザをやっていれば、塀の中では皆、見栄の張りっこなのだ。

工場には下着など、毎月購入して取り替えている現役ヤクザもいたが、ジョージは飄々

として、下着が黄ばんでいても一向に気にしないで着ていた。

そんなジョージに対して陰で、「ホンマに現役ヤクザやっとんかいな。天ぷらとちゃうか?」などと、いろいろ〝厄マチ〟を言う懲役もいた。

ある日、姐御《あんね》から若い衆が出所してきた旨の手紙を受け取ったジョージは、その若い衆に放免祝いをやってやれと言って、通帳と印鑑を姐御に〝郵送宅下げ〟したことがあった。

自分は黄ばんだシャツを着て、陰で厄マチを切られていても、お務めから帰って来た若い衆には、そうやって面倒をみて、労ってやっていたのだ。本件では二人がパクられたが、その全員の面倒をみたそうだ。親分なら当たり前なのかもしれないが、なかなかできない話だ。

あるとき、ジョージの姐さんが、九州の博多から遥々、二人の若い衆を引き連れて、神戸刑務所まで面会にやって来たことがあった。しかし、ジョージは「しょうもない姿を女に見せられませんよ、サカハラさん」と言って面会を拒否したのだ。

あとで訳を訊いてみると、男のプライドというか、ジョージなりの珍妙で深〜い理由《ワケ》があったのだが、残念ながら、今、その理由をここで書くことはできない。

わざわざ九州から出て来ているのに、面会を拒否された姐さんと二人の若い衆は、帰りの新幹線の中で、「なぜ会ってくれないのだろう」と、その訳をいろいろ考えたという。

そして二人の若い衆が出した答えは、「親父はきっと、俺たちが奴を殺らないから、怒って会ってくれないんだ」というものだった。

しばらくしたある日、ジョージのもとに姐さんから一通の手紙が届いた。炭鉱町筑豊の飯塚で、ジョージの実子分の一人が、ジョージを本件で**うたった**（喋った）人間を刺したという衝撃的な事件の知らせだった。刺された相手は、幸いにも病院が傍にあったことから、かろうじて一命を取り留めたという。

こうやって実子分は殺人未遂罪で逮捕され、また塀の中へ逆戻りとなってしまった。

〝君、君たらずといえども、臣、臣たらざるべからず〟この言葉にもあるように、善悪は別にして、親分に従う若い衆としての、かくあるべき姿勢を示したのだ。

たとえどんな主君であっても、忠義を尽くすのが家臣の務めであるという基本的な揺ぎない信念がなければできないことであった。

普段のジョージは、こんな若い衆がいるようには見えなかった。

この頃、印刷工場の担当部長が代わった。新しい担当は自動車工場から来た井笠という、癖のない、なかなかのオヤジだった。

ボクは神戸刑務所でも異彩を放っていた熊田部長が代わったことで、寂しい思いもあった。部長とはいろいろあったが、在任中はときどき、心の中の苦悩を叫ぶかのようにして、

「ワシなあ、ホンマに悔しんや。ワシらもホンマのこと言うとな、サカハラ、しんどいんやで。しかし、生きなきゃならん。ワシ、どないなことがあっても負けるわけにはいかん

のや」と言ったりしたこともあった。

ボクには何のことかわからなかったが、担当部長はこうやって、心に溜まったものを吐き出すかのようにして話してくれることがあった。

そんな熊田部長が、泊まりの勤務時にボクの部屋にときどき現れ、相変わらずデカい目ん玉をギョロつかせながら、「サカハラ、どうや、元気でやっとんのか?」と、優しく声をかけてくれたものだった。

この神戸刑務所には、よその刑務施設で悪さをして飛ばされてきている、札つきの不良刑務官が集ってきていた。そういうオヤジ(看守)たちは、得てして皆、気がよかった。

そんな不良オヤジの中のある一人は、福岡刑務所で、親分クラスの懲役に携帯電話を一分一万円で使用させるという小遣い稼ぎをしていたのが発覚してしまい、この神戸刑務所に飛ばされてきていた。情が移った懲役に、しかもシャバでいい兄ィに、「オヤジ、頼むよ」と言われて、乞われれば、まして金が絡んでいることもあって魔が差し、判断や行動を誤ってしまうのだろう。刑務官も人の子であり、犯罪者とは紙一重なのだ。

また、面会に来る受刑者の人妻とねんごろになって飛ばされてきている者とか、挙げたら切りがないほど、〝不良〟刑務官たちの金や女にまつわる不祥事が多く、しかもそれらが表沙汰にならないで、闇に葬られているのが現実だった。

そんな、海岸の波打ち際のように、打ち寄せられて集ってくる受刑者や刑務官たちの〝ゴミ捨て場?〟といったような神戸刑務所から、ボクは八月某日、早朝出所となり、弟分の南原たち四人の出迎えを受けて三年振りにシャバの空気を吸ったのだった。

ジョージの伝言

帰ってきたボクがすぐに取りかかったのは、福岡県警のマル暴のG課長へ、ジョージの伝言を伝えることだった。内容は、ジョージの大好物のミスタードーナツをお土産に持って、神戸刑務所まで会いに来いという、まったく笑っちゃうような内容だ。

ボクの電話に出た係長は「わかりました。課長に訊きますので、ちょっと待ってください」。そう言って、いったん受話器を置いたが、すぐに受話器から声が聞こえ、「オッケーです」という答えが返ってきた。さすがはジョージだと思いながらも、九州くんだりから、ドーナツを抱えてやってくるマル暴の連中のことを想像すると気の毒になってしまい、笑わずにいられなかった。

年が明けるとボクは岐阜のクラブで歌っていた女を連れてきて結婚した。そしてすぐに久米川にある風俗や飲食店が軒を連ねる雑居ビルでコロンビア人の女たちを集めて、風俗店のシノギをやり始めた。店は繁盛して数カ月間は毎日二〇万ほどの金が懐《ふところ》に入ってきた。

しかし悪銭身につかずとよく言ったもので、警視庁本部と東村山警察の合同で捕まったときには金はなかった。敵の多かったボクを誰かがリークしたのはわかっていた。

捜査員が乗り込んできたとき、店の女の子が客へのサービスを行っている最中だったから、現行犯逮捕は免れない。

このとき、ボクは道交法違反で田無警察にパクられていたが、店を任せていた店長がパクられ、八王子地検に来ていて、そこでバッタリ出くわしたことで知った。

このときの罪名は、「道交法、覚せい剤取締法、風営法違反」だった。

神戸を出て来て丸一年。ボクはまたもや積み上げた積み木を崩し、塀の中の故郷へと舞い戻って行った。一度は行ってみたいと思っていた札幌ではあったが、まさか官費で行くことになろうとは思ってもみなかった。

女に未練を残して落ちようと思えば近場の府中に落ちることもできた。だがその未練を断ち切るためにも敢《あ》えて遠方を希望して札幌になったのだ。

女と最後に会ったのは、府中刑務所の面会室だった。女に泣かれ、胸が痛んだ。別れる覚悟はできていたが、この痛みは忘れちゃならないと思った。

これから、もし愛する女ができたら、決して涙を流させるような不幸な生き方をしてはならないと、このとき、心に固く誓ってご招待を受けていた札幌の獄へと落ちて行く。

こうしてシャバでの一年間の滞在期間は終わった。

丸一年で再び北の監獄へ

官費で行く北海道旅行は、これで三度目。札幌刑務所は食べ物がいいと評判だ。札幌刑務所では、道内が半分、内地からが半分の割合で懲役が配役されている。新入訓練が終わると、漁師が使う網の修繕をする工場へ配役になった。

ボクは来る日も来る日も、磯の香りのする網を相手に黙々と仕事をしていた。ここで知り合った板東は東京都下、日野市の人間だった。話してみると、昔ボクがヤクザをやっていたときに、ある母体組織の組長だった父親を知っていて、事務所にも何度か行ったことがあった。このときの記憶がかすかにあり、板東もボクの名前だけは知っていた。

彼は肉に深く針を刺して彫ったと思われる色鮮やかな「鬼若」の刺青を背中に入れていた。彫り師は「初代赤坂」である。

ここでボクと板東は気が合い、兄弟の縁を持った（後に彼の弟の勝次もボクの弟分になった）。彼はプロボクシング世界へビー級チャンピオンだったマイク・タイソンを思わせるようなガッチリとした身体をしており、運動会の綱引きのときはそのメンバーになり、ボクと一緒に参加して優勝したことがあった。

一年ほどすると、板東は仮釈放の恩恵に与り、出所していった。その日を待って、ボクは関東から来ているある不良の顔面に二発、拳をぶち込み、工場から上がった。工場にいたとき、板東とある懲役囚と五分の兄弟分の縁を持たせたことで、現役のヤクザから堅気のクセに、とケチがついたのが原因だった。

「寄場《よせば》」には字のごとく、いろいろな人間が寄り集まってきている。一癖も二癖もある懲役囚が多く、つまらない意地を張り合って、筋だなんだと絶えずゴタゴタが起こっていた。罰後、札幌刑務所の中では現役の不良が多くいる七工場へ配役になった。

しばらくすると兄弟分の出射から、ボクの手元へ一通のはがきが届いた。それは小森の舎弟になっていた政ヤンこと高橋政弘が亡くなったという悲しい報せだった。ボクは泣いた。仲がよかっただけに涙が止まらなかった。

政ヤンの死亡原因は覚せい剤のオーバードーズ（過剰摂取）だった。覚せい剤の魔力に取り憑《つ》かれ、魂を奪われて死んでいった人間をこれまで何人見てきただろうか……。哀しい人生の末路だった。

なぜ人は命と引き換えにまでして、薬物に手を染め、溺れて行くのだろうか……。

もしかしてこの政ヤンの死は覚せい剤をやめないボクへ、天国の母が送ってきたメッセージなのかも知れない、そう思った。

大切な命をこんなことで失ってはダメだ、と母が言っているような気がした。

過去、ボクは覚せい剤によって身近な人間を何人も失ってきている。

二〇代の頃、結婚した女が覚せい剤で狂ってしまい精神病院に入れたことがある。警察に行ったときにボクが誰だかわからなくなっていたほどに、女は壊れていた。その後、彼女は覚せい剤をやめられないことを苦にして、ボクが監獄にいる間に、自ら命を断ってこの世を去ってしまった。

また覚せい剤と注射器を最後の最後まで肌身離さず身につけたまま、首を吊り、死んでいった兄弟分がいた。兄弟！　あの世に行ってまで、そんなにシャブをやりたかったのか！　兄弟の亡骸《なきがら》を前にしてボクは叫んだ。薬物の恐ろしさにこのとき戦慄したことを昨日のようにして覚えている。

自分の意思でやめようと思ってもやめられないのがシャブの怖さなんだ。やめようと思っていっときやめていても、突然覚せい剤の突き上げるような強烈な衝動に襲われると、もはやその衝動に抗《あらが》うことが難しくなり、体の欲求を抑えることができなくなってしまう。クスリ乱用の誘惑はいたるところに存在し、ネットでも容易に手に入り、またでコンビニがどこにでもあるかのように、社会に蔓延《まんえん》している。

ボク自身もシャブの快楽に取り憑かれた愚かな人間の一人なのだ。

覚せい剤のアンフェタミンを打った瞬間、脳からよだれが出るような、快楽が体中を駆け巡り、性器から精液が流れ出てしまうほどの快感を味わう（当時のシャブは今の粗悪なシャブと違って純度が遙かに高かった）。

何度もなんども捕まり、何度もなんども人を不幸にし、何度もなんども後悔して、数え切れないほどの涙を流しても、覚せい剤を目の前に置かれると、「二度とやるまい」と固く誓っていた心が一瞬にして崩壊していく。そこには情けなくも涙する自分の姿しかない。

そんな薬物から簡単に逃げ出すことはできない。それほどに覚せい剤は人間を虜《とりこ》にし、ダメにする薬物なのだ。

男よりも女がハマるともっと悲惨だ。女の体と覚せい剤は相性がいいことから貪欲になり、そのシャブ欲しさに、どんな男にでも平気で体を開いてしまう。やめたいと思いながらも、いっときたりとも覚せい剤なしの生活から抜け出ることができなくなってしまうのだ。それほど人間は、薬物に対して哀しいほどに、無抵抗な存在になる。

薬物から抜け出せなければ、最後にはボクのように何度も監獄に入るか、政ヤンのように打ち過ぎて死ぬか、もしくは妄想性精神病になって四六時中「頭の中の誰か」と話して暮らさなければならなくなり、精神病院に一生入るようになってしまう。いずれにしても薬物は身の破滅を招いて生き地獄に堕ちていかなければならなくなる。

何度刑務所に入れられても、シャバに出ると懲りずにシャブを喰らって、罪を犯してしまう。そんな愚かなボクの生き方を、政ヤンの死を通して、亡き母や、目に見えない何かから「もうやめて目を覚ましなさい」と言われているかのような気がした。

ここいらで今までの生き方を変えて行かなければならないと感じた。

だが果たしてボクは薬物を断ち切っていけるのだろうか……。

貧しい環境で育ち、学歴もなく、世の中から拒絶され、それに反抗して生きてきたボクのようなヤクザ崩れの人間がいまさらどうやってシャバで立ち直っていけるというのか。こうして生きるのはボクの運命だったんじゃないのか……。世の中の不条理にボクは嘆くしかなかった。

やめられるものならやめたい！　どうしてもやめたい！　だがどうやって……。

答えは見つからないままだった。

だがもうこれ以上塀の中で、自分の垂れ流すクソにまみれて、あえぎ続けていく人生とはオサラバしなけりゃならないと、思った。

母からの旅立ち

その日は、突然、来た。

札幌での務めも三年、関東のヤクザ者が多く集まる七工場での、ある日の昼休み。食堂の最後尾に座っていたボクは、いつもの昼休みのように懲役囚たちが囲碁や将棋を指し、話に興じる光景をぼんやり眺めていた。いつもと変わらない食堂にすっと冷ややかな風が流れ込んでくる。そういえば、ボクは何年間、塀の中にいたんだろう。

中野から始まり府中で出たり入ったりの六年、新潟で三年、また府中で一年、帯広で五年四カ月、神戸で三年、札幌で三年……そうか、二一年もムショにいたんだと思いに耽るや、そのとき突然、食堂のざわめきが、ボクの耳にクローズアップした。

七〇名からなる食堂の中は、懲役囚たちの話し声で充満している。一人ひとりの話し声がしだいに混ざり合い、徐々に漲潮になるようなざわめきとして押し寄せてくる。そして一瞬にしてボクはその轟音に飲み込まれる。

あッ！　このざわめきは!?

三〇年前の記憶が蘇ってくる。

あの目白台のアパートで炬燵を出し始めた晩秋の昼下がり。日当たりの悪い六畳一間の光景が手に取るように見える。あのとき聞こえた音だ。ボクは押し入れの中にいた。一粒の雨音が豪雨でかき消されるようにざわめきが狂騒に変わる。押し入れの底板で聴いたあの時のざわめきだ！

そうだったのか、あれは今この食堂で話をしている懲役囚たちのざわめきだったんだ！

あの不思議な出来事の正体が今、目の前で起きているざわめきであったことだと氷解した。


ボクはすぐに食堂の天井を見上げた。

「この上でオレが聴いている！　聴いている！　あのときのオレが聴いているんだ！」

興奮して叫んでいた。そして立ち上がると、食堂の天井に向かって指差した。

「サカハラさん、いったいどうしたんですか」

突然喚き始めたボクに驚いた数名が顔を向けた。

「昔、一三歳のときに部屋の押し入れで大勢の人間が話す奇妙なざわめきを三日間聴き続けたことがあったんですよ。それが、この食堂にいる俺たち懲役囚たちのざわめきだということが、今、わかったんです」

ボクは無我夢中で説明したが、当然ながら彼らに理解できるわけがない。いっせいに怪訝な表情を浮かべた。

この不可解で奇妙な現象には、目に見えない何かの意思が働いているとしか思えなかった。だが、この時点のボクにはその正体がまだわからなかった。

三〇年前のあの不思議な出来事は、ボクの人生において大きな転機の前兆現象であり、監獄と社会を往き来する、漂流人生の始まりだった。

このざわめきは悪魔の囁きとなった。「母を苦しめ病死させ、兄とボクを貧困で苦しめた父をなぜ赦さねばならないのだ！」とその直後、昭島の実家へ単騎で乗り込み、柳包丁で父を殺すために振り落とした瞬間から波乱の道が開かれた。

そして、三〇年後のこのとき、修羅の道の終わりをボクに告げていたのだ。

啓示するかのように現れた不思議なこの現象は、今に辿り着くまでのボクの人生の道程《みちのり》を監獄の中に置くことで蒙を啓き、鍛え、成長させ、人生の軌道修正を図ったのである。

このざわめきは、見えない何かの力がボクの魂に触れた瞬間であり、根拠のない「生き直す」自信はそこから湧き上がったのではなかったのだろうか。

塀の中とシャバを漂流する人生によってボクは世の中を知り、成長を遂げていった。善悪を超越したどんな経験であっても、ボクが生き残るための糧として不思議な力は導いてくれた。その意味で塀の中は、ボクにとっては母の子宮であり、唯一、成長を遂げることのできる安心の場所だったのかもしれない。

でも、今、ボクはもう母の胎内に戻る必要がなくなったのだ。もはや塀の中にはいられない。53歳になって初めてボクは自分自身の足で立てるような気がした。なぜか、心が晴れたような気がした。闇から光の中へ敢えて踏み出す決心ができた。

ボクはこの一瞬をずっと待ち焦がれ続けていたことに気づかされた。決断したとたん、心がにわかに躍ったからである。

「ボクはボクの人生を生きてみるから、さようなら、母さん」

ボクの札幌刑務所を出所する日が近づいてきた。見えない不思議な力を畏れるとともに本当に新しい人生が始まるような気がしてきたのである。

［第四章］

ヤクザなボクとキリスト

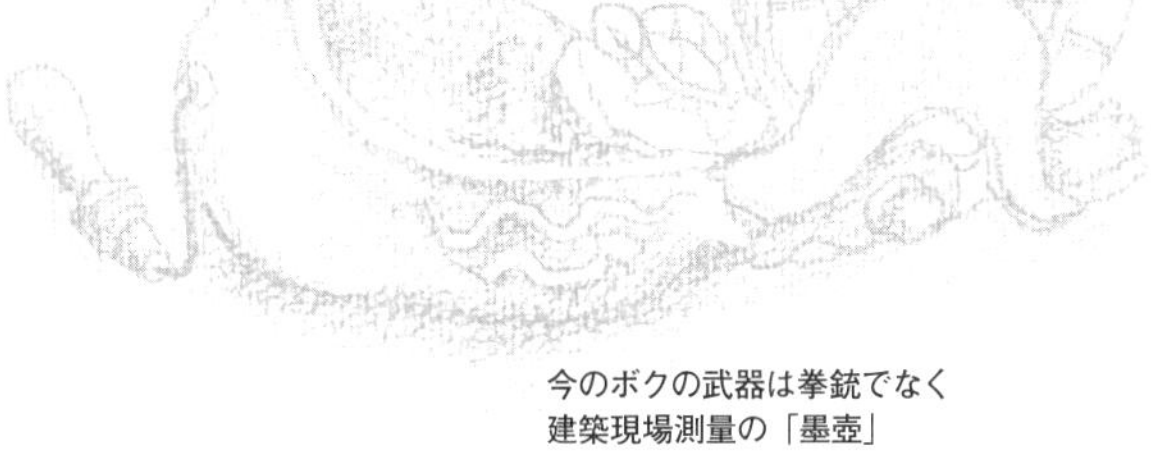

今のボクの武器は拳銃でなく
建築現場測量の「墨壺」

出所

雪のチラつく朝だった。

最後に入所した札幌刑務所から三年の刑期を満期で務め終え、出所した。平成二〇（二〇〇八）年一一月一八日のことである。奇しくもこの日は母の月命日だった。

「札刑よ、世話になったな。だが、もうこんなクソ溜めには二度と戻って来ねぇよ。さよなら、母さん」

寒々とした鈍《にび》色の空を見上げてつぶやいた。別に根拠があったわけではない。根拠があったわけではないが、なぜかボクにはその自信があった。

出迎えたのは、弟分のヒデとその兄弟分の栄一だった。この二人はある問題を抱えていて、出所したばかりのボクにいち早く相談があって、二人だけで札幌まで迎えに来ていた。

おかげで出所した瞬間から、ボクは厄介な問題を抱える羽目となる。

ボクはこの二人を伴い、中で一緒だったある組織の駆け出しのヤクザ者が入院している札幌の某病院を見舞って差し入れをし、そして数時間後、札幌空港から羽田空港に向けて飛び立った。

一時間後、羽田空港に着いたボクを出迎えてくれたのは、弟分の南原と、兄弟分の出射たちだった。ボクを乗せた車は所沢の航空公園駅前にある「むらやま」という居酒屋に向かって高速道路を走った。ここにはアツシという弟のような気のいい奴が板前として働いている。

社会見学でもするかのように、ボクがシャバに舞い戻ってくると、毎回、この店を使って南原たちや、その弟分の富田や、アツシが放免祝いをしてくれた。こんな懲役太郎のボクを忘れずにいつもいてくれたのだ。ありがたかった。

ボクは出射やその女房のスーサンに、女の消息を訊いた。すると言いにくそうな顔をして、女はフィリピン人のホストとできて妊娠したことを話してくれた。

予想はしていた。ボクがパクられて、誰も頼る者がいなくて寂しかったのだろう。女の身体というものは受身にできているから哀しいものだと、このときつくづく思った。

ボクは着の身着のままで出所してきていたから、着替えの服がなかった。だが、すべて女に持っていかれていた。

一番痛かったのは、神戸刑務所で書き溜めていた大学ノート七冊分の日記だ。いずれ本を書くときの資料にしようと思っていたから、何よりもショックだった。

こうしてボクは裸一貫、再び一からのやり直しとなる。

札幌刑務所を出所して三日目。放免祝いだといわれ、知り合いが経営しているいかがわしい店に連れて行かれると、そこで出会った中国女に惚れられてしまった。当然、その日から女はボクの彼女になった。

同じ頃、東久留米市のフィリピン・パブで働いていたジェニファーというスパニッシュ系の女にも惚れられてしまった。

以降、ボクはそこら中のホテルに出没しては、絶倫男が真っ青になるぐらいに腰を使って女たちとやりまくっていた。塀の中の禁欲生活が長らく続いたせいであった。

ジェニファーはすらりとした美人で、不良モテする顔であったため、人気があった。彼女の日本語はとても綺麗で品のある日本語だった。看護師の資格を持ち、年寄りたちの看護をしているせいで、自然に年寄りたちから学んだものらしい。

あるとき、ボクたちがいつもの席で飲んでいると、ジェニファーに指名が入った。見ると、客は垢抜けた格好をしている、どこかのヤクザ者のような感じだった。ジェニファーがしきりに、ボクの方を気にして見ている。

ボクと一緒に飲んでいた兄弟の出射は、彼らたちを知っていた。

「兄弟、兄弟の女に手を出さないように言ってくるよ。あれは間違いなく、ジェニファー目当てに来ているよ」

そう言うと、出射は独特の歩き方で店のホールを突っ切って行った。しばらくして、ジェニファーたちのいる席から、出射が大きな声で叫んだ。

「兄弟！　紹介するよ」

出射が手を振って、ボクを招いた。

相手の男たちは、ある組織の現役のヤクザだった。紹介がすむと、出射が釘を刺すようにして言った。

「ジェニファーはオレの兄弟の女なので、ヨロシク」

すると、相手は出射の言うとおり、ジェニファー目当てに来ていたのだろう。一瞬明らかに困惑した顔をつくった。

釘を刺されてしまったからには、人の女に手を出すことはできなかった。人の女に手を出さないのが、この世界の掟の一つでもあり、美学でもあったからだ。

儚なく消えたウン億円

札幌刑務所を出て翌年二一(二〇〇九)年一月。ボクはハルビンへ旅行に出かけ、そこで一人の中国女性と出逢った。それは特別な瞬間だった。日本にいる二人の女たちとの別れを予感した瞬間でもあった。帰国しても、彼女の太陽のような笑顔がボクは忘れられず、いても立ってもいられなくなってしまい、再び彼女に逢いに知り合いとハルビンに渡航する。

冬は氷の王国となるハルビンのこの時期は、正月の氷祭りで、街全体が電飾を施した氷の彫刻や、氷のモニュメント等に溢れ、ファンタスティックな光景が現出して街全体を包んでいた。

その氷祭りを、知り合いのハルビン人の彼女が、ボクのお気に入りの彼女と一緒に案内してくれたのだ。マイナス二〇度の極寒の中、ボクのハートは彼女といるだけでヒートアップした。

二週間の滞在期間の中で、互いに接して彼女もボクと同じ気持ち、好意を感じてくれていることを知った。

言葉は知り合いの彼女を通さないと通じなかったが、筆談だと意外に会話ができた。この会話で二人の理解を深めることができたのは嬉しかった。

日本に興味を持った彼女はボクとなら日本へ行ってもいいと思うようになっていることを知ったボクは、勇気を奮い立たせるために六〇度以上もある、強い、ハルビンの焼酎をあおって、酔いに任せて筆談で彼女を一気に口説き落とした。そしてとうとう彼女のハートを射止めることに成功したボクは、喜び勇んでいったん帰国すると、結婚に必要な書類等を用意して、独りで再びハルビンへ渡った。

彼女と出逢ってから、彼女と一緒にいた時間は二週間ほどであった。だが結婚はどれだけ付き合ってきたかの時間ではなかった。

二人は中国式の結婚式を挙げた。結婚式には彼女の兄弟、親戚や、特に彼女と仲の良い友人たちが出席してボクたち二人を祝福してくれた。

春の訪れを感じ始めた頃、ボクは計画していたある儲け話で数百万を手にした。本当なら数千万は下らない仕事だった。

そのシノギをかけた金は、赤坂の某ホテルで相手の代理人となって出てきた、某組織のヤクザから受け取った。

帰りのタクシーの中で、兄弟分の出射にも、手伝ってくれた相棒にも、銀行の帯封がついたままの現金を渡して報いた。兄弟の家にしばらく居候していたボクが、車の免許証を取れるようにしてくれた兄弟の女房の存在があったからである。

春になって桜が咲く頃になると、ようやく待ちに待った正妻の日本行きのビザが下りた。そしていよいよ、来日するその日が近づいて来た。

ボクは過去の教訓から一緒になる女は金輪際泣かせてはならない、だから、犯罪に手を染めてはならないと心に固く誓い、監獄でも政ヤンの死を通して、母からのメッセージに生き方を変えようとしていた。

だが、塀の中で一緒だった地面師の杉浦と組んで、数億円の荒稼ぎを計画していた何とも懲りないバカヤローでもあったのである。あとで**ネタばる**（発覚する）のはわかっていたが、確実に稼げるので懲役を覚悟していた計画だった。

その杉浦が札幌刑務所から出所してくる当日の朝、羽田で出迎えるために、ボクは弟分の南原の運転で新青梅街道を走っていた。

「アニキ、そろそろ電話、通じると思います」

南原が口を開き、ボクは腕時計を覗き込んだ。

出所に当たり、ボクは杉浦に金と携帯電話を送っていた。部屋には新しい布団とパジャマを用意し、知り合いの居酒屋で放免祝いまで計画していたのだ。

腕時計を見ると、午前九時を回っていた。電話は……出なかった。そのあと、何度もかけてみたが、結果は同じ。

ボクは南原に車をUターンさせるように言い、落胆しながらも近々来日してくる正妻のことを考えながら、「南原、これでいいんじゃゃねぇのか。別にオレは五郎ちゃんを恨んじゃいねぇよ。でもよ、せめて電話の一本ぐらい寄越したっていいんじゃゃねぇのか。あれだけ約束したのによ。ちょっと寂しいね。でもよ、五郎ちゃん、どこへ行っても元気でやってくれるといいんだけどな」と、七〇過ぎになるちょっと太った杉浦五郎の姿を思い描きながら、呟くように言った。

「アニキ、もうじき姐さんがハルビンから来ることを考えると、逆にこれでよかったんだと思います」

ボクを気遣って、南原が答える。

騙したほうは、生涯その思いを心から消すことができない。しかし、ボクは騙されたお陰で、結局は杉浦に助けられてもいたのだ。もしかしたら、結婚したばかりのボクを気遣って、黙って姿を消したのかもしれなかった。これも見えない何かの力がそうさせまいとして働いたせいかもしれなかった。母さんが見守り続けている、そう感じた。

こうして描いていた悪企みは儚く、露のようにして消えていった。

夫婦は仲良く、何でも半分

平成二一（二〇〇九）年五月一〇日、ボクと南原は成田空港の第二ゲートにいた。そして、大きな荷物をキャリアーに乗せて出てきた輝く太陽のような笑顔の奥さんとボクは再会した。

成田から帰ってくると、ボクと奥さんのワンダーな生活がいよいよ始まった。

ボクが喋る中国語は、「ニィハオ」と「シェイシェイ」だけ。相手の奥さんといえば、やはりボクと同じ程度の語学力で「おはようございます」と「ありがとうございます」だけである。恐ろしく言葉が通じなかった。

一カ月もしないうちに、そんな妙ちきりんで、日常会話が筆談以外ではほとんど成立しない二人の結婚生活に、早くも危機が訪れた。奥さんが筆談で〈離婚する〉と言って家出したのだ。そして一カ月間、知り合いのいる新潟の魚沼に行ったきり、帰ってこなくなってしまったのである。

一カ月後、ようやく帰ってきたときには、「新しい契約」が結ばれた。その契約とは、「あなた一人で食べないで、ちゃんと私にも三度のご飯だけは食べさせて」というものだった。

その言葉を通訳を通して聞いたボクは、耳を疑いながらそういう風に思われていたことにショックを受け、自分が情けなかった。

釣った魚に餌をやらないではないが、三度の飯を食わせなかったわけではない。ただ日本と中国とのカルチャーギャップで、誤解されていただけなのだ。

中国の家庭では、いや、少なくとも彼女が育った家庭環境では、何事も彼女が優先されて育ったのだろう。きっとそうに違いない。だから、ボクが冷蔵庫を開けて一人で勝手に何かを食べたりするのが不満だったのだ。何か食べるなら、ボクの口よりも先に、奥さんの口を優先させるのが、彼女がボクに求めていた愛情であり、流儀でもあり、中国の文化だったのかもしれない。

そんなカルチャーギャップで、「一人で食べないで、私にも食べさせてよ」が「私にも三度のご飯だけは食べさせて」になってしまったのだ。

その後、何かを食べるときには、極力奥さんのことを忘れないようにしていたボクは、呪文のようにして、「自分の口より女房の口が先、自分の口より女房の口が先」と呟きながら気をつけていた。

しかし、つい忘れてしまうこともある。何気なく冷蔵庫を開けて取り出した物を口へ入れようものなら、いつの間にかボクの傍に来て「はんぶん」と言われてしまう。きっと「夫婦は、何でも仲良く半分」ということなのだろう。貴方が食べるなら、私にも貴方のその愛情を分けて、なのだ。

中国では、この新婚生活のような夫婦愛を大切にするマナーというか、ルールが一生続くのだから、いかに中国が家族愛を大切にしているかがわかろうというものだ。

奥さんの笑顔は素敵だった。

そんな輝く太陽のような笑顔に、ボクはいつも魅了されていた。

しばらくすると、奥さんの日本語は二歳児程度のレベルに上達していた。

ボクが「行ってきます」と言えば、「行ってらっしゃい」と笑顔で言うようになっていた。しかし、ときどき頭の中で覚え立ての日本語がシャッフルしてしまうのか、ボクが「行ってきます」と玄関先で言うと、奥さんは「おやすみなさい」と言ったりするのだった。おやすみの時間にはまだ早かった。

また、ボクがビールを飲んでいたりすると、傍でビールを見つめて、「あいたィなァ〜、あいたィなァ〜」とそう言って飲みたいというのだ。また、時に喧嘩などすると、「あなた、あたま、すごーいウンチ」と言われてしまう。

ボクの脳ミソがウンチか？　しかし、何となく妙にいい得ているから、不思議と納得してしまうのだ。

不幸の連鎖

この頃、ボクは新宿の高梨という知り合いからある仕事を受けて、日々の生活を凌いでいた。社会の底で生きるボクの生き方は、相変わらず博打を打つかの如く、その場のサイコロ出目のようにして、明日へ命を繋ぐためにその日を必死に生きていた。

この高梨という男は、「ジンちゃん、新宿の街は、オレの恋人のような街だよ。あの花のようなネオンの街からオレは一生離れられないね。死ぬときにはあのネオン花に抱かれて死にてぇ」そう口癖のようにして言っていた。その新宿の裏街道を、まるで死肉を漁って生きるハイエナのようにして逞しく生きていたのが高梨だった。

彼は昔、**新潟刑務所**に服役しているときにボクと同じ部屋だった。あるとき、部屋で、新潟の某市のいい兄ィになっているヤクザ者のところへゲソをつけようとしていたある半端野郎と、その某市のヤクザ者の兄ィ（後年、この兄ィは一家の親分になった）相手にボクは、ある事情から、「筋が違う」と言って節をつけたことがあった。

そしてそのゲソをつけようとしていた半端野郎に殴りかかり、乱闘が初まってしまった。そのとき、ボクが一人だったことから、同じ関東から来ていた高梨が加勢してくれたのだった。周りは新潟勢ばかりであった。

この当時、高梨は新宿の某会に籍を置くヤクザ者だった。その高梨とは平成の始めごろ、新宿の職安通りで南原といたときに偶然再会したことからシャバでの付き合いが始まったのだ。

高梨から受けた仕事の舞台となったのは津田沼にあるマンションの建設現場で、N建設がマンションを建てるまでのケツ持ちの仕事だった。

八割方でき上がっているそのマンションの現場に、N建設からトカゲのしっぽ切りをされて工事代金を払ってもらえずに泣かされ続けている職人たちが組んで、連日現場にやって来ては「工事代金を払え」といって騒ぐ。その煩わしい前捌きの仕事だった。

事情がわかってくるとN建設の汚ないやり方に心が痛んだが、これも受けた仕事と割り切ってやっていた。

あるとき、サングラスを掛けた、その風体がただ者でない怪しい人間たちが数人でやってきた。

話を聞くと驚いたことに、怪しい奴らは職人たちから依頼を受けた青山のビルに事務所を構える某弁護士事務所の人間たちだという。連絡する約束でその場は帰ってもらい、後日、某弁護士事務所のMに電話をいれると、Mが出て、口を開くやいなや、「オメェラ、舐めてんじゃねぇぞ！ その現場から手を引け！ どこのヤクザもんだ！ テメェラは！」と恫喝してきた。

間違ってどこかのヤクザの事務所にでも電話を掛けてしまったかと思ったほど、弁護士事務所の人間とは思えない、崩れた、ヤクザのような口調であり、台詞だった。

富士宮市の組織に籍を置くアニキと呼ぶ人間から久しぶりに電話があった。愚痴ってその話をすると、偶然にも「その弁護士事務所の奴らはうちの親分が使っている顧問弁護士のとこの若い衆だよ。俺も民事で今使っているところだ」と答えが返ってきた。

驚くとともに、「はは〜ん」だから口の利き方があんなだったんだなと、変に納得してしまった。

N建設の前に請け負った、関西の元ヤクザ者ばかりを何人も従えたセ○スという会社社長の松本善（弱冠三二歳の松本は後年、南原の舎弟になる）と、新宿プリンスでボクと南原は会って話し合いを重ねた。

しかし何度話し合いを重ねても、マンションの買い手の金主から一億二〇〇〇万をすでに引っ張っていることや、違法建築の疑いやら何やらと、ややこしいこじれ話が幾重にも重なっていて、グズグズの状態になっていたから埒《らち》が明かなかった。

結局、入ってくると目論んでいた数千万円の金は、捕らぬ狸の皮算用だった。捕ってみなけりゃわからない、手の上に乗ってみなけれりゃわからないのだ。それでも頑張っていたが、ある時、N建設の社長が金庫にあったわずかな運転資金の五〇〇万の金を懐に入れてズラかってしまった。

そんなことから、N建設からの金が途絶えてしまい、ボクも南原も部屋の家賃も払えなくなるほどの状況に窮してしまう。

一カ月分の家賃が払えなくなると、保証協会から堅気の奴らとは思えないエグイ物言いで、執拗に追い込みをかけられる始末だった。七万円の家賃は二カ月間払えなかった。

子供を何人も抱える南原はもっと切実だった。その日の乳飲み子のミルク代もなく、ボクの家にあった米を半分持って行ったりしてお互いに生活を凌ぐといった耐乏生活だった。

ボクの家の冷蔵庫の中はなんど開けても何もなく、引っ越した後のようにガランとしていた。あったのは、使いかけのケチャップの瓶だけという有様だった。

女房が中国から来るときに持ってきていた稗や粟をわずかな米と一緒に炊いたり、わずかな豆を煮て、糊口を凌いだ。ボクの幼少期の頃の貧乏生活以来であった。

きっと女房は「何のためにわたし日本に来たの？」と貧乏生活を嘆いていたに違いなかった。

ところが悪いことは重なる。七月の頃、女房が肺を患って倒れてしまったのだ。S病院に緊急入院をし、市からの援助を取り付けて手術したが、そのときの処置が悪かったせいで肺が癒着し、数カ月後に再び倒れてしまう。

今度は新山の手病院に入院し、手術を受け肺の一部を切除した。しかし不幸は続いた。退院すると今度は、一〇〇万人に三・一人といわれる難病スティーヴンス・ジョンソン症候群が追い打ちをかけるようにして女房を襲ったのだ。不幸の連鎖はやまなかった。

「なんで私だけこんな目に遭うの？」

目から涙をぼろぼろ流して、悲痛な叫び声を上げる女房のやつれた顔が痛々しく毎日が女房もボクも泣きっ面の連続だった。

信者というより患者だぜ！

七月下旬ころになると女房は借金をして、一足早く成田からハルビンへ帰国していた。このとき、ボクたち夫婦はまたもや離婚の危機を迎えていたのである。

帰る前、ボクは女房から三行半を突きつけられ、離婚届の用紙にサインをさせられていた。原因はわかっていた。やめようと思ってもやめられない大好きな覚せい剤がやめられず、ときどき目を盗んでは注射していたことと、貧乏生活から抜け出せないでいたからだった。

しかし、ボクは中国の旅行会社をやっている知り合いに頼んで、事前にハルビン行きの格安チケットを借金で購入してあったので、八月某日、独りで羽田、大阪、瀋陽経由でハルビンへ渡った。

ハルビンの空港に到着し、ボーディング・ブリッジを抜けていくと、そこに一際目立つ美人の一団がボクを見ながら手を振っていた。女房と娘のショアンたち一行の四人である。ハルビンの家族が一緒に出迎えてくれていたのだった。

ハルビンで、ボクの女房は多くの友人たちに囲まれて驚くほど人気があった。友人たちも素朴で気のいい奴等ばかりである。

一〇日間滞在した間に、いつの間にかボクたち夫婦の離婚の危機も回避していた。外れた戸は、はめればまた元に戻るという言葉通りだった。

八月中旬。ハルビンから帰っていたボクのところにボクの人生を大きく変えてしまう運命の電話がかかってきた。電話の主は、物を書くことが大好きだった兄弟分の出射だった。話を聞くと、ボクたちが行きつけのカウンターだけの居酒屋で知り合った、「酔いどれクリスチャン」とボクが密かに呼んでいる佐野ひろ子さんが、物書きのクリスチャンを紹介するというので、出射が勇気を出してキリストの栄光教会へ行ってきたのだという。

そして、ボクにも行ってみないかということになって、塀の中の物語を書いていたボクは、清水さんというライターの人に連絡をつけ、教会で会う約束をした。

実はこのとき、ボク一人で行く勇気がなかったので、「アニキ勘弁してくださいよ」と嫌がる浩一という弟分に無理やりに「クンロク」を入れると、やはり、これまた「教会は嫌だ」といって嫌がる女房をやっと説得。

次の日曜日、恐る恐る久米川にある「キリストの栄光教会」に三人揃って行ってみた。

この頃の女房の病は良くも悪くもならずに安定していた。

海の底は光の届かない闇の世界だ。そんな得体のしれない深海魚のような、つまり人間社会の底辺で生きてきた、前科何十犯もの汚れたボクが、神々しく光る「教会」という質の違う人間たちの集まる別世界へ出向いて行くのは抵抗があり、すごく勇気がいることだった。

教会の中は大勢の大人や子供たちで溢れかえっていて、どの顔もみんな、慈愛に満ちて輝いていたのが印象的だった。

教会でライターの清水さんと会うと、喜んで歓迎してくれた。しばし本の話をして、協力を求めると快諾してくれた。

礼拝が始まり、プレイズソングを歌った。そのうちに何人もの人たちが歌に合わせて、手を挙げて賛美をし始めた。

ボクは驚き、しばし圧倒されたままその光景を眺め、そして思った。こりゃ、オレの来る世界じゃねぇや。これじゃ、信者というよりも患者だぜ……と。

神に対して懐疑的だったボクは、心の中でそうシャウトしていた。

だがその一方で、社会の第一線で活躍している常識や良識のある人たちが、なぜこうも幸せそうな顔をして手を振っているのだろうかという疑問も抱いていた。

そこまでイエス・キリストを信仰できる理由はどこにあるのか。いったい、彼は何者なんだ、という強い好奇心が働き、導き出した答えは、よし、どうせなら理解できるまで追求してみようだった。

そのとき、もしかしたらオレの行き詰まった人生に、いや、オレたち夫婦の人生に、何か新しい道が開かれるかもしれない、という予感もした。

この選択は偶然かもしれなかったが、目に見えない何か意図した力が働いたのかもしれなかった。

どちらにしても、ボクはこのチャプターの開くのをずっと前から待ち望んでいて、これからの人生において重要な岐路に立たされていた瞬間だったのかもしれなかった。

キリストという神を信仰する道に、活路を見出してゆく、何気なく開かれたチャプターは天の導きであり、摂理であったかもしれなかった。

翌週の礼拝で聖餐式《せいさん》が行われた。

ボクはこのとき、ためらいなく、キリストの体といわれるパンを取り、人間たちの罪の贖いのために流したイエス・キリストの血潮といわれる葡萄ジュースを飲んだ。

礼拝が終わると、まだ緊張した面持ちでいたボクに、隣に座っていたオバサンが突然こちらを振り向き、

「サカハラさん、聖餐式を受けたからには、すぐに学びを始めましょう!」

鬼気迫る形相で、まるで追い込んだ獲物を仕留めるかのように、厳かに言った。

このときボクはこのオバサン、いったい何者? なんでオレの名前を知ってるんだ! といぶかしく思い、ずいぶん熱心なキリストオバサンじゃねぇかよ、と驚いたのだった。

後からオバサンの素性を聞かされてまた驚いてしまった。その熱心で足の長いオバサン

は、教会のご意見番的存在の怖〜い黎子牧師であり、ご主人の川端光生牧師を尻に敷く奥様でもあったからである。

そうやって、ボクも女房も、入れ食い状態で、見事に釣り上げられてしまったのだった。

晴れてクリスチャンに

俎上《そじょう》の鯉状態のボクを待っていたのは、聖書の学びであった。

学びというまな板の上に乗せられたボクは、観念して料理人である伸ちゃんこと植野牧師に捌かれることになり、学びが始まる。

しかし、学んでいくにつれ、だんだん聖書の言葉にがんじがらめになり、息苦しさを感じて、酸欠状態を起こしていた。気づくと、昏い水底へいつもブクブクと沈みそうになっていたのである。

そんなボクを神はいつも天から見ていたのだろうか。手を差し伸べてボクを水底から救い上げてくれるかのように学び続けることができた。

教会に来る前までのボクは母に誓った思いなどすっかり忘れてしまい、まだ懲りずに罪を犯し続けていた。だが、今こうして苦しみながらも教会にしがみついて聖書を勉強しているのは、見つけたこの場所がボクの生きていく場所と思っていたからに他ならなかった。

なぜならヤクザだったボクを偏見なく無償の愛で受け入れて歓迎してくれたのはキリス

ト者たちが集まるこの場所だけだったからだ。

貧しく学歴のないボクは生きるために大都会の底辺でヤクザになって生きてきた。

そこで出会った不良たちは誰もが辺りを警戒し、牙を剥き、威嚇し、襲いかかる獣のようにして社会というジャングルを生きていた。社会の冷たい目に反発して生きていたのだ。

差別を感じて生きている寂しがり屋ばかりで、気のいい奴等が多かった。だが所詮、ヤクザで生きてるわけだから身内であっても、決して信用せず、騙されないように心の中では身構えている。またそうでなければ生きていけないのがヤクザの世界であり、食うか食われるかの過酷な世界なのだ。

そんな環境下で生きてきたボクには気の安まるときなんかなかった。そして信じるのはいつも己だけだった。

だから教会の信徒たちの無償の愛に接したとき、心が温かくなり、包まれたように感じて、安らぎを覚えたのだ。幼年期の頃にも感じたことのない安心感。ここなら落ち着ける、そう思った。

まるで押し入れに入ったときや、母の子宮にいるときのような感覚だった。こんな経験は初めてだった。

初めて教会に行き、その扉が開いたときは部屋の明るさに驚き、目眩がした。そして誰もが慈愛に溢れた顔をしていた。そのとき、あたかも天国の門が開いたかのように感じたのだ。ボクが辿り着いた安息の地だった。

　信仰の神に助けられながら一年近い学びの期間を過ぎる頃、キリストがボクたち人類のために十字架にかかって死んでくれた命の〝福音《ふくいん》〟の意味を理解し、清らかな水の中で犬掻き程度までに泳げるようになっていた。とはいえ、水がきれい過ぎて馴染むのにはまだまだ時間がかかりそうだった。

　この頃、ボクは毎朝ランニングをしていた。そして走っている間中、なぜか、涙が流れてくるという現象に悩まされ続けていた。だが、この流れてくる涙がいったいどういう感情によるものなのか理解できなかった。

　この頃、ボクも国からの援助を受けられるようになっていたが、相変わらずの貧乏暮らし。女房の病院通いも続いていたが、なぜか貧しさの中にも平安を感じていたから不思議である。そして、この安らぎを求めていたことに気づいた。


　平成二四（二〇一二）年夏。日光オリーブの里で、ボクが密かにミスター・クリスチャンと呼ぶ青柳泉兄弟を介して神から促しを受けると、その年の一二月二三日にボクたち夫婦は**受洗**した。

　犯罪を糧として生きてきたようなボクだったからか、伸一牧師がボクの頭頂部に軽く手を添えて、「父と子と聖霊の御名によって、サカハラジンキ《坂原仁基》にバプテスマを授ける。主が来られるその日まで生涯主に従って歩むように！」と力強く言い、洗礼儀式用の水槽の中へボクの体全体を浸けようとした。

しかしそこで、ボクがジタバタして悪あがきをしたため、なかなか完全に浸かることができなかったのである。

あとから伸一牧師に「ジンさんがすごく抵抗したので、水の中へ沈めるのが大変でした」と聞かされたが、もしかすると、この抵抗はボクのうちにまだ残っていた、悪徳を愛する心の残滓《ざんし》が見せた、最後の悪あがきだったのかもしれない。

何はともあれ、こうしてボクは牧師の手を煩わせて受洗したのである。

間一髪、差し伸べられた神の手

儀式が終わり、生まれ変わったかのように思われたのだが……。

翌年の平成二五（二〇一三）年八月初旬、女房が中国のハルビンに帰国している留守の間にこんな事件が起きた。ある彫り師に知り合いから借りた金を又貸ししてあげたが、しばらくして騙されていたとわかり、その彫り師を殴ったのだ。そして訴えられて逮捕監禁傷害事件となってしまった。

事件とはまったく関係のない、その場面に偶然遭遇してしまった弟分の浩一までもが、ボクと一緒に東村山署から逮捕状が出され、パクられるという事件となった。このときに押収されたのがパソコンだった。渋谷の金融業を営む某親分と、パソコンでのやり取りで融資を受けたり、返済をしている話を彫り師にしていたことから、パソコンまでもが押収されてしまったのだ。

捕まったその日のうちに、NHKのニュース番組に逮捕の瞬間の動画（初めからマル暴のヤツらは自分たちのパフォーマンスをニュースにするつもりで隠し撮りをしていた）が全国に流されてしまい、事件は派手に新聞に載った。

知り合いたちも、飲み屋でテレビを観ていて、事件を知り、「ジンさんがパクられた！」と言って驚いた。弟分たちもニュースやユーチューブなどで知って、「アニキがパクられた」と言って騒いだ。

ボクは過去の犯歴からも懲役刑は免れないと覚悟していた。しかし留置場の中で、助かりたい一心から、信仰の神に「女房を独りにしておけない、どうか神よ、助けてください」と心から悔い改めて祈り続けた。すると、三日目の晩に不思議な夢を見た。深い海の底にあわや落ちるかと思ったその瞬間、間一髪のところでボクは太いパイプの上に両足をしっかり乗せていて助かった夢を見たのだった。

警察はボクたちをパクって、勢い勇んで事件の蓋を開けてみたら、殴られたと言って被害届を出した彫り師側の方が道義的には悪く、また違法となるような闇金の金の流れもなかったことが判明した。

「内輪もめだな、サカハラさん、示談をとりなさい」

検事は訴えた相手に呆れながら、ボクに助言してくれた。しかも、ボクを「さん」ずけで呼び、暗に「すぐに出してやるから」と仄《ほの》めかすかのようにしてことを進めてくれたのである。この検事の情けは女房の「難病」を訴えた彫り師から聞き知ったことにも関係していたようだ。

そして夢は正夢となり、拘留一九日目の朝、「不起訴処分」で出ることができたのだった。

この夢のことは、教会のやよいさんという兄姉にも手紙の返事の中で触れていた。

ボクが助かった理由は、実はもう一つあった。ボクは彫り師が訴えたことを知って、某署のマル暴の係長に事件を相談していたのだ。水面下でその係長が動いてくれたことは明らかだった。暴力団を専門に扱うマル暴は薬物の犯歴があっても、検事から「尿検」の指示がなければ「生活安全課」のようにシャブの尿検査をしないことも幸いしていたのだ。

組織犯罪対策課のマル暴の係長は悔しがった。この係長は、何を隠そう、「おーい、サカハラ、拳銃出せぇ！」に登場した、あのときのゲジゲジ眉毛で、M署の係長できていた奴だった。

こうしてボクは、聖書の「ヨナ書」にある「与えようとする災いを思い直される神の憐れみ」によって、逃げ切ることができたのだった。

検事から被害者（本当の被害者はボクなんだけど……）に近づかないという誓約書にサイン

をさせらていたボクだったが、二カ月後、そんなことお構いなしで、訴えた彫り師を今度はボクが追い込んで捕まえた。そして二年間の分割で回収したのだった。

この彫り師も、堅気であったが、昔某一家の、一宿一飯の義理から猟銃で人を殺《あや》めて宮城刑務所で一三年の刑に服していた。今はボクともよい関係に戻っている。

神の愛

人間は自由奔放過ぎてもいけない。ボクなどは特にそうだ。だから、聖書の規範や価値観という枠にはめられて規制を受けていたほうが良く、ジーザス・クライストの愛と義というものに支配されることで、本当の自由（真理）を得ることができるのだということを、ボンクラ頭の、ボクのようなヤツにも教会の学びを通して徐々に理解ができるようになっていた。

そして神を信じる者は、第三章で書いた『塀の中のジーザス・クライスト』（158ページ参照）に出てくる松本老人のような、自分を陥れようとした者を赦そうとする、清く汚れのない心を持った人間に、ボクみたいなヤツでも神は創り変えてくれるのかもしれないと思った。

そんな神は、ボクの信じる気持ちに善かれ悪しかれ、応答してくれるようになっていた。

クリスチャンになってからも、ボクは数年間は薬物依存からの旅立ちができずに、苦しんでいた。だからそういう誘惑が心に現れたときが大変だった。

薬物依存症で体が疼《うず》きだすと、ボクはすぐに祈った。祈りはどこでもできた。歩きながらであっても、電車の中でも、便器にまたがって力んでいるときでも、また立ちションをしている最中でもできた。

だから祈ることをやめなかった。祈らないと誘惑に負けてしまうからだ。そして祈ると、不思議にも悪しき誘惑が遠ざかっていき、心が落ち着くのだった。

悪の力は強いので、必死に祈り続けないと負けてしまう。こうしてクスリの誘惑との壮絶な戦いが、日々の祈りの中でなんども繰り返され続けた。

あるとき、すでに誘惑に負けて腕に注射針を突き立てたまま、そこから血が流れ出している惨状の中で、苦悶しながら何度もためらったことがあった。

「ここで打ってしまったらオレは神を本当に裏切ってしまう、神様助けてくれよ！　助けてくれよ！　何か言ってくれよ！」

自分の弱さに悲痛な叫び声を上げる。しかし、神の声は無情にも聞こえない。腕から流れ出る血が床にしたたり落ちる。

「神様！　もうだめだ！　もうダメだ！　オレはまた裏切り者になっちまう！」

そうして、その誘惑に抵抗しきれなくなったボクは、とうとう魔力に負けてしまい、震える手で、「神様ごめんよ！　ごめんよ！」と言いながら注射器のプランジャーロッド（芯棒）を押して血管の中に白い悪魔を注射してしまった。

覚せい剤による快感はあっという間にボクの中から信仰心を奪い取ってしまい、神の存在よりも覚せい剤の存在に変えてしまったのである。

「ああ、気持ちイイィ〜」

その犯した罪から数日後の三月二日（ボクの六〇歳の誕生日）、教会での聖餐式のときにキリストの血潮である葡萄ジュースを飲むと、途端に、強烈なメニエール症状に襲われてしまった。ものすごい勢いで目がぐるぐる回転し始めて見えなくなってしまい、その場に一瞬にしてへたり込んで動けなくなる。まるで神の裁きがボクに下されたかのようだった。

救急車が到着するまで、その日、メッセージを担当した川端牧師がボクの背後から肩に手を乗せて祈ってくれていると、理恵さんという兄姉が牧師と入れ代わって、祈り始めた。

すると、肩にかけたその手が次第に熱くなってきて、その温かさがボクの体の中へと流れ込んできた。目が回り、吐き気を催すようなひどい状態であったにもかかわらず、体と心が癒やされ、清められてゆくように感じた。不思議な体験だった。

のちにボクが訊くまで、本人は気づかなかったようだが、祈りは異言（話している本人にも意味はわからない神の言葉）といわれているものである。

なぜ、ボクがこの異言を知っているのかというと、昔、愚連隊の頃の、ボクの後見人だった某組織の直参、鈴木組長（現在は牧師）の韓国人の奥様と新宿の韓国教会で一緒に礼拝を捧げたときに、奥様が異言で祈っているのを隣で聞いていたからだ。

もしかしたら神は、理恵さんの異言を通してボクにこんなことを語ったのかもしれない。

「わたしの言うことを聞かず、そんなにクスリをやって目を回していたいなら、私が特別に、目が回って動けなくなるくらいの試練を与えてあげよう。だから好きなだけ目を回していなさい。そして、この試練の意味を、そのボンクラな頭で悟ってみるといい」

救急車で病院へ運ばれたボクは、神からのありがたくない試練で、その後二週間はきちんと歩けもせず、トイレに行くにも困難を極める状態にさせられていた。

神のなさることもさることながら、神を侮《あなど》ってはいけないと、このときにつくづく神の底しれぬ怖さを思い知った。

もう裏切れねぇ、この辺でクスリをやめなくちゃまたどんな目に遭わされるかわかったもんじゃねぇ、そう思った。これも神がボクを愛

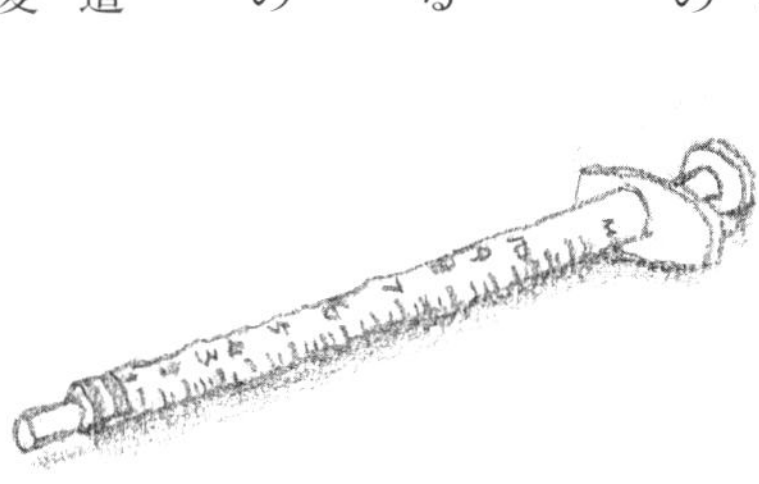

するがゆえに課した試練だったのであろう。

話はそれたが、そのくらい覚せい剤依存症の衝動というものは怖いものなのだ。このことは女房も知らなかった話なので、この場で初めてカミングアウトすることになってしまうが。

だが、洗礼を受け、キリストの弟子の訓練を受けていても、悪へ傾倒するボクの心はなかなか治ってくれない。

こんな不思議な体験をしたこともあった。

あるとき、寝ていると突然体の芯から突き上げてくる覚せい剤依存症の衝動に襲われて、急に目が覚めると、薬が欲しくて欲しくて堪らなくなった。

枕元に置いてある携帯電話を手にしてトイレに駆け込み、密売人に電話をかけようとすると、突然体がブルブル震え始めた。そのうえ、震えがあまりにも激しいので、電話のプッシュボタンが押せなかったのである。

しばらくして震えがやむと、不思議なことにあれだけ薬が欲しいと思っていた強い思いは、嘘のように跡形もなく消え去っていた。そして再び床に就くと朝までぐっすり眠れたのだった。

この出来事は、信仰の神がボクをクスリの誘惑から守ってくれたからだと感じた。

「恐れてはならない。わたしはあなたと共にいる。驚いてはならない、わたしはあなたの神である。わたしはあなたを強くし、あなたを助け、わが勝利の右の手をもって、あなたをささえる」（聖書『イザヤ書』四一章一〇節）を彷彿とさせたからである。

ヘッポコ墨出し職人奮戦記

いくつもの目に見えない不思議な力によって助けられたボクは、日に日に神の存在を強く意識するようになっていった。神を取り込み聖書通読や祈りを真剣に始めたのもこの頃だった。

結婚して七年目を迎えるのに、女房のビザは相変わらず一年しかもらえない。原因は、簡単。国からの援助を受けているのに、仕事をして納税しないボクのせいなのだ。

肺の手術や難病で入退院を繰り返している女房は、働きたくとも働くことができない。心に湧き上がってくる様々な誘惑や、薬物依存症と戦いながら半年が経過した頃、四〇年間働いたことのないボクが、一年しかビザのもらえない女房の永住権取得のために、必死に祈り始めた。

「神よ、なんの取り柄もなく、社会で働いたことのない六〇を過ぎたオレのようなボンクラ頭のオッサンが、今さらながらに働いて税金を収めていかないと、女房の永住権の許可を下ろしてもらえない。そのために国からの援助を切って、働く決心をしたので、オレにできる仕事を与えてください。女房の悲しむ姿を見るのは辛いんです。だから、どうぞお願いします」

そう、毎日祈り続けた。

その一カ月後、ボクは知り合いの会社の建築測量・墨出し工の仕事をみつけた。ところが、内容を聞いてみると、ずいぶん難しい仕事である。オレみたいな頭の悪いヤツに、果たしてこんな難しい仕事が務まるのだろうか……、そう思った。

一週間ほど経った日の朝のランニング中、ボクの携帯に、「サカちゃん、明日からきてくれるかな」と連絡が入った。

奇しくも、その日（八月一八日）は母の命日であった。

電話を切り、何気なく空を見上げると、ボクの住む団地の上に、まるで就職を祝福するかのように大きな虹がアーチを描いていた。そしてまた同じ頃、女房も、入間市の食品会社に就職が決まったのである。

ボクは決心した。女房の永住権を取得するまでどんなことがあっても歯を食いしばって頑張ろうと。それがボクの責務であり、苦労をかけた女房への愛情の証しなのだ。そして同時に、仕事を与えてくれた信仰の神への仁義でもあるのだ。

仕事は特殊なだけに難しく、苦労は多かった。そして世間知らずのボクは何も知らなかった。仕事を始めたばかりの頃は、相棒から「その墨にメーター切って」と言われても何のことかわからず、トンチンカンにも「メーター切れてないし、メーター以上ありますけど」と言っていた。

また「差し金で、そこカネまいておいて」と相棒から言われたときも、差し金でカネまく、という意味がわからず、差し金を持ったまま「カネまくとはどういう意味だ……」と真剣になって考えた。しまいには「カネをまく……」が回すになってしまい、差し金を地面に置いて回せば何か答えが見つかるかも知れないと思い、地面に置いて回してみるも、さすがにボクのぼんくらな頭でも「こりゃ違うな」と思った。

そこへ、席を外していた相棒が戻ってきたので素直に訊き、初めて「カネをまく」の意味を知ったのだ。万事が、ボクはこんな調子だった。

任侠道の精神は悔い改めてはいないが、ヤクザな生き方は悔い改めていたボクだったから、屁の突っ張りにもならないプライドは捨てていた。だから、謙虚に仕えて働いた。もともと体を動かして働くことは好きだった。二〇年間、塀の中の就役で培ってきていたからである。

墨出し工の仕事は、自分たち職人が、いい加減な曲がった人生を歩んでいても、建造物の生

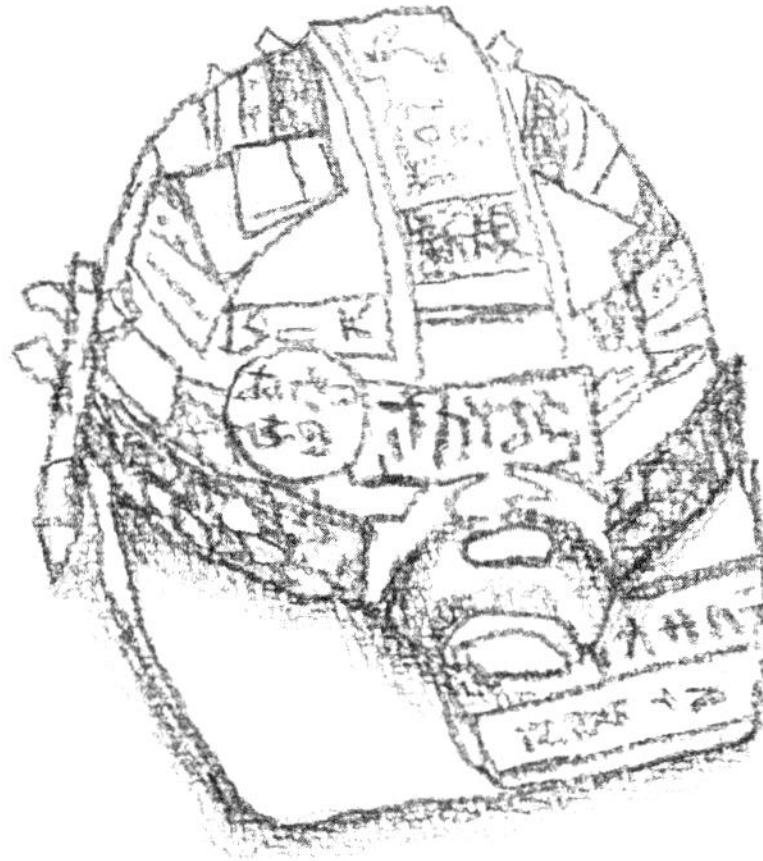

命線となる基本の墨だけは間違ってもいい加減に出すわけにはいかない。基本墨出しの巧《こう》拙《せつ》でビルの一生が決まってしまうのだから責任重大で、誇りのもてる仕事だった。

それだけにボクは、毎日のように「なにやってるんだ！　こらっ！　ボケッとしてるな！」と怒鳴られながらも、謙虚になって必死に働いた。そしてそのたびに、「イエス様が見てるぞ、腹をたてるな！　我慢しろ！」「ヘッポコ墨出し職人、がまんだ！　がまんだ！」と、ブツブツつぶやいては、自分に言い聞かせ、励ました。

怒鳴られても、筋が通っていれば、素直に従った。しかし理不尽なことを言われたときには言い返したので、相棒とはよくぶつかりもした。墨出しの仕事は一人ではできないので、職長となる相棒が必要なのだ。

そんなある日、よくぶつかる相棒と屋上で一緒に仕事をしているときに事件が起きた。普段から使っている竹製の墨差しを現場のどこかへ落としていたことに気づいたボクは、仕方なしに相棒に貸してくれるように頼んだ。すると、相棒が自分の持っている墨差しを無言で差し出してきたので、「すみません」と、手を差しのべると、相棒はボクがつかむ寸前に指をパッと開いて、持っていた墨差しを落としたのである。顔には薄ら笑いが浮かんでいた。

ボクを侮辱したその行為に、この野郎オレに殴られたいのか！　と一瞬思ったが、その瞬間、「イエス様！」と、心の中で叫んだ。そして、今ここで感情的になって地を出してしまえばイエス様は悲しむだろうし、友人の社長にも迷惑をかけてしまうと思った。

急に相棒を〝憐れむ気持ち〟がどこからともなく湧き上がってきて、その墨差しを「ありがとう」と言って拾い上げた。

その瞬間、ボクは真理を悟って、

「イエス様！　これですね！」

と心で叫んで涙があふれた。

自分の弱さに打ち克った瞬間だった。そして涙を見られないように顔を背けたのだった。

考えてみれば、誰だってこんなような嫌なことは、仕事をしていれば、多かれ少なかれ体験するだろうし、我慢していくのが普通なのかもしれない。

だが、ボクはチンピラであっても、面子を重んじるヤクザの世界で生きてきた人間だけに「人は立ててこそ、立てられる」という生き方を貫いてきて、体で学んできていた。だから、このように、人の自尊心を軽んじて、平気で踏みにじるようなナメた行為は、本来なら許せなかったし、また看過してきたことはなかった。

もし、信仰心を持っていなかったら、到底我慢できなかったに違いない。また、女房のために我慢するんだ、というひたむきな気持ちがなかったら、きっと殴り飛ばしていたに違いなかった。

だが、もしかしたなら相棒はクリスチャンのボクがどれだけ我慢できるのかを試したか

もしれなかった。それというのも宮城県石巻市の出張の話が出ていて相棒が行く代わりの条件として、

「サカハラさんが一緒に行くなら行ってもいいです」と本社の社長に答えていたからだ。

このことは後からうちの社長、黒木（黒木とは昔ヤクザをやっていた仲である）から聞かされた。

その涙は今まで経験したことのない、まったく異質なものであった。墨差しを拾ったのはボクではなく、ボクの内に生きる神、イエス・キリストだったのだ。

その後も、涙を呑むような、こういう試練を幾つもいくつも通過してきたが、そのたびに信仰の神キリストが、ボクの弱いところに現れて、癒やし、勇気づけてくれた。そして多くの実を結ばせてくれたのである。

思えば、ボクのクソ溜め人生は監獄とシャバの往復人生だった。だが、これも神がボクを愛するがゆえに与えたくれた試練であり、その中で育てられてきたのだ。

何度も刑務所に入り、なんども数え切れないほどの後悔をし、なんども涙を流して反省を口に出してきたが、それはただの上っ面の言葉に過ぎなかった。

何の根拠もない、何度深く反省しても、そんなもの、あーそうかいってなもんである。反省した数が多いからって、立派になるわけじゃない。では、本物の反省、指針はどこにあるのか……。人間の力では、何度繰り返しても答えは出てこない。

そこで神の示す方向が最大の指針となり救いの道となるのだ。

人は誰しも、自分の人生において、これでいいのかという漠然とした疑問を抱いて生きている。

ボクは今まで、常に何かを求め続けて生きていたような気がする。

ときには女であり、ときにはクスリであり、ときには罪を犯すことであり、金を稼ぐことであった。だが、心が満たされることはなかった。

いつも、どこか違うと感じていた。何をやっても違うんじゃないかと感じていた。だから、どこか冷めていた。

ボクの心を満たすものはいったいどこにあるのか。そうしてボクは自分を探し求めてずっと彷徨《さまよ》い続けてきた。そして絶望していた留置場のカビ臭い布団の中で出逢ったのがキリストだった。それは自分の罪と向き合っていく始まりの、瞬間であった。

ここで初めて自分の存在が認識できたのだ。だから改めて生き方を変えようという気持ちになっていったのである。

神と出会い、自分の中の見知らぬ人、そうその人とボクはようやく出会った気がした。その人は神を愛するもう一人のボク自身だった。

最後に神は、こうしてボクの「答え」になってくれた。ボクは最初からキリストと出会うことが、神の計画として決まっていたのである。

こうしてボクは自分の存在意義を見つけた。

悪人が自分の行った悪から離れて正義と恵みの業を行うなら、自分の命を救うことができると聖書の神は言っている。

また「人は誰しもが罪びとである」と聖書には書いてある。その罪に気づき、悔い改めを行い回心するなら人は誰でも救われていくのだ。ボクはそのことにやっと気づかされた。何度失敗しても、何度挫折しても、何度絶望しても、キリストを信じ、忍耐して、立ち直っていく勇気を失わなければ、必ず立ち直って行けるんだ。そんなボクを神は太陽のように照らしてくれる。

ボクは神であるキリストと出会えたことが幸運だった。

だから絶望しかなかったこんなボクであっても神の愛が再びボクに希望となっていき、立ち直ることができたのだ。

働き始めて四年半が経過した（二〇二〇年四月現在）。

女房の永住権取得もあと一歩となった。この協力者は天の窓からいつも下界をのぞき込んでいた神であった。

気づけば、不思議に、なに不自由なく暮らし、いつの間にか女房の難病も癒やされていた。幼年期からずっと生きるために罪を犯し続け生きてきたボクが今こうしてワンダーな転身が図れたのは、人智を遥かに超えた神の深い愛による奇跡だなぁ、と思う。

天国さん、こんにちは、ありがとう。
そこには開かれた教会の扉があった。

{第四章}

ヤクザなボクとキリスト

あとがきに代えて

　この物語は、約二〇年間、塀の中に入ったり出たりしたボクの体験談の、ほんの一部を綴ったものである。

　社会の歪みから生まれ出たような塀の中の住人たちが、クソ溜めのような塀の中で自分の垂れ流すクソにまみれて織りなしてゆく人間模様は実にユーモラスであり、そこには犯罪者特有の暗い影といったイメージは見当たらない。屈託なく笑う姿は、むしろ無邪気な子供のようでさえある。

　どこか憎めず、愛しささえ感じさせられる塀の中の住人たち……。だが、そんな彼らの姿が、あたかも選別して捨てられてゆく不ぞろいの豆に似ていると、ふと、思うときがある。

　そんな彼らに心揺さぶられ、共感できるのは、ボクが過去、同じ塀の中の隣人であったからだろうか。

　社会の最後列にいるような彼らではあるが、ボク同様、自分の犯してきた罪を心から悔い改めて、一人でも多く、真実の神イエス・キリストの十字架の福音を聞き、救われていくことを心から願い、そして祈る。

　本書を上梓するにあたり、文章指導から出版にまで尽力してくれた中原貞親先生、及び久保田集氏、ＫＫベストセラーズの山﨑実氏、陰で祈っていてくれた敬愛する神の家族の兄姉たち、友人たちに心から感謝し、厚く御礼申し上げます。

そして、今は天国にいる清水茂則・わこ御夫妻、森川淑子姉、上原雄平兄に、本書を捧げます。

さかはらじん

令和二（二〇二〇）年五月吉日

著者プロフィール

さかはら じん

１９５４年生まれ（本名：坂原仁基）、魚座・O型。埼玉県本庄市生まれの東京育ち。幼年期に母を亡くし、兄と二人の生活で極度の貧困のため小学校１カ月で中退。８歳で父親に引き取られるも、10歳で継母と決裂。素行の悪さから教護院へ。17歳で傷害・窃盗事件を起こし横浜・練馬鑑別所。20歳で渡米。ニューヨークのステーキハウスで修業。帰国後、22歳で覚せい剤所持で逮捕。23歳で父親への積年の恨みから殺害を実行するが、失敗。銃刀法、覚せい剤使用で中野・府中刑務所でデビューを飾る。28歳出所後、再び覚せい剤使用で府中刑務所に逆戻り。29歳、本格的にヤクザ道へ突入。以後、府中・新潟・帯広・神戸・札幌刑務所の常連として累計20年の「監獄」暮らし。人生54年目、獄中で自分の人生と向き合う不思議な啓示を受け、出所後、キリスト教の教えと出逢う。回心なのか、自分の生き方を悔い改める体験を受ける。現在、ヤクザな生き方を離れ、建築現場の墨出し職人として働く。人は非常事態に弱い。でもボクはその非常事態の中で生き抜いてきた。

塀《へい》の中《なか》はワンダーランド

2020年6月5日　初版第1刷発行

著者　さかはら じん
発行者　小川真輔
発行所　KK ベストセラーズ
〒171-0021 東京都豊島区西池袋5-26-19
陸王西池袋ビル４階
電話　03-5926-6081（編集）
03-5926-5322（営業）
https://www.kk-bestsellers.com/
装　丁　フロッグキングスタジオ
装　画　ひろさん
写　真　平山訓生
印刷所　錦明印刷
製本所　フォーネット社
ＤＴＰ　三協美術

ISBN978-4-584-13926-4　C0095
定価はカバーに表示してあります。